우리가 몰랐던 직장인을 위한 이솝우화

일개미의 반란

일개미의반란

Aesop's Fables

| 글 이솝 · 정진호 공저 | 그림 오금택 |

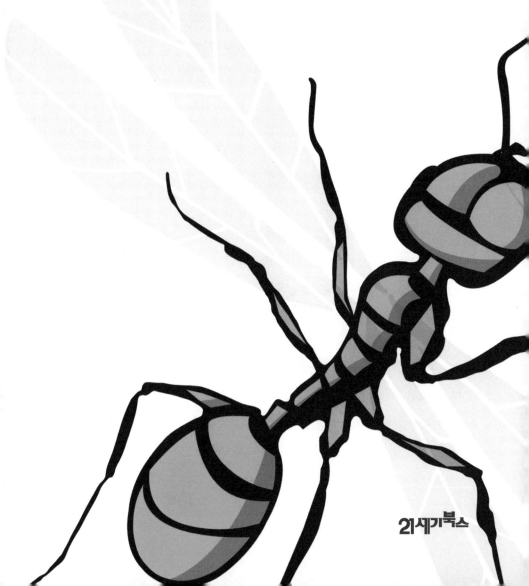

21세기북스

21세기에 다시 읽는 특별한 이야기

우리는 지금 매우 특별한 시대를 살고 있다. 유사 이래 처음으로 '국가 부도' 사태를 겪으면서 IMF 시대에 회사를 다니거나 취직 걱정을 하면서 대학을 다녔다. 그리고 10년 후, 그린스펀(미국 전 FRB 의장)이 100년 만에 한 번 올까 말까 한 위기라고 지칭한 국제금융위기 시대에 직장을 다니고 있다.

위기의 시대는 위험이 많은 시기다. 직장인에게 가장 큰 위험은 갑자기 일자리를 잃는 것이다. 그러나 경제 상황이나 직장 환경이 어렵다고 해서 모두 직장을 잃는 것은 아니다. 매몰찬 상사와 함께 비열한 동료와 경쟁한다고 해서 모두 좌절하고 실패하는 것은 아니다. 지혜롭게 생각하고 행동하는 사람만이 생존한다. 그렇다고 특별한 사람이 살아남는 것도 아니다. 살아남는 지혜를 배운다면 누구든지 생존권을 거머쥘 수 있다. 필자는 그 지혜를 『이솝우화』에서 찾아 그 생존 비법을 독자들에게 전하려 한다.

이솝은 2,600년 전 그리스에 살았던 노예이자 『이솝우화』의 지은이다. 이솝은 소크라테스, 플라톤, 아리스토텔레스로 이어지는 위대한 현자(賢者)들에게 지혜에 관한 깨우침을 준 인류의 위대한 스승이기도 하다. 이솝이 살았던 기원전 6세기는 자유, 평등, 박애와 같은 시민사

4

회 개념이 전혀 없었던 노예 사회였다. 지혜로운 노예 이솝은 생존의 극한에 살고 있는 노예들의 모습을 예리하게 관찰했고, 촌철살인(寸鐵殺人)과 같은 짧은 이야기로 그들에게 깨우침과 지혜를 전해줬다. 『이솝우화』를 단순히 아이들을 위한 동화라고 생각하기 쉽다. 하지만 우리가 살고 있는 지금의 직장 환경이 과연 이솝이 살았던 노예 시대와 다르다고 할 수 있을까? 최근의 직장은 하루 종일 일만 하는 환경으로 변하고 있다. 온종일 일만 하는 개미들이 있는가 하면, 부하 직원들에게 일을 시켜놓고 성과를 가로채는 여우 같은 상사들도 허다하다. 상대방의 약점을 찾아내 그를 경쟁에서 탈락시키려는 야비한 늑대들도 있다. 이솝이 살았던 노예 사회나 100년 만에 한 번 올까 말까 한 지금의 시대나 지혜롭게 생각하고, 지혜롭게 행동해야 한다는 생존 원리에는 변함이 없다.

잘못된 자만심이 나를 위험에 빠뜨린다

때로는 상사가 무능해보일 때가 있다. 상사에게 쩔쩔매는 내 모습이 스스로도 안쓰럽지만 아무것도 아닌 일로 상사가 잔소리를 할 때는 황당할 때가 많다. 특히 점심시간에 10분 늦게 들어왔다며 사소한 것으로 야단칠 때는 더욱 그렇다. 언젠가 기회가 오면 능력 있는 내가 제대로 한방 먹여주겠다고 다짐한다. 이럴 때 이솝의 조언에 귀 기울여보자.

당나귀와 수탉이 마당에서 한가롭게 놀고 있던 어느 날, 사자가 슬금슬금 다가와 당나귀를 잡아먹으려고 뛰어올랐다. 닭 울음소리를 사자가 지독하게 싫어한다는 사실을 알고 있었던 수탉은 목이 터져라 "꼬끼

5

오! 꼬끼오!"를 외쳤다. 수탉의 울음소리를 듣자 정말로 사자는 '걸음 아 날 살려!' 라며 줄행랑을 치기 시작했다. 수탉의 울음소리에 냅다 도 망을 치는 사자를 보고 용기가 난 당나귀는 사자를 쫓아가기 시작했다. 그러나 수탉 울음소리가 들리지 않을 지점에 도착한 사자는 돌아서서 쫓아오는 당나귀를 잡아먹어 버렸다(사자를 쫓다가 죽은 당나귀).

직장에서 중재당하지 마라

사내에서 직장 동료와 관계가 틀어질 때가 있다. 나는 업무 때문에 동 료들 사이에서 불협화음이 나는 게 피곤하다. 그렇다고 그들의 행동 을 전혀 이해할 수 없는 것도 아니지만 짜증이 나는 건 어쩔 수 없다. 아무래도 팀장에게 보고해서 정리해달라고 해야겠다. 그러기 전에 먼 저 이솝에게 내 생각을 물었다.

두 마리의 개가 길에서 고깃덩어리를 가운데에 놓고 서로 으르렁거리고 있었다. 이 모습을 본 여우가 다가와서 자초지종을 두 마리의 개에게 들 었다. 여우는 묘안이 있다며 나뭇가지로 저울을 만들고 고기를 둘로 나 눴다. 무게를 재보니 한쪽이 조금 더 무거웠다. 여우는 한쪽을 베어 먹 고는 다시 무게를 쟀다. 이번에는 다른 쪽이 조금 무거웠다. 여우가 이 번에는 반대쪽을 베어 먹고 다시 무게를 달았다. 개 두 마리는 여우가 무 게를 재는 동안 입맛만 다시며 고깃덩어리를 쳐다보고만 있었다. 계속 무게를 달며 여우가 고기를 조금씩 먹고 나니 끝내는 모두 없어지고 말 았다. 결국 여우는 고기를 잘 먹었다며 인사하고 길을 떠났다. 두 마리 의 개는 허공에 입맛을 다시며 후회했으나 소용이 없었다(중재자 여우).

6

관계에서 밀리기 시작하면 끝이 없다

상사나 동료와의 관계에서 내가 계속 밀리는 느낌이 들 때가 있다. 까칠하다는 소리를 들을 것 같아서, 이기주의자라는 비난을 듣게 될 것 같아서, 인사 고과에서 불리하게 작용할 것 같아서 그들이 무리한 요구를 하는데도 차마 거절할 수가 없다. 이솝에게 그의 생각을 물었다.

한겨울에 성격이 고약한 암캐가 출산을 앞두고 있었다. 암캐는 양치기 개에게 자신이 새끼를 낳을 때까지만 집을 빌려달라고 간청했다. 만삭이 된 암캐를 본 양치기 개는 안쓰러운 마음에 암캐에게 새끼 낳을 때까지만 자신의 집을 빌려주기로 했다. 드디어 암캐가 출산을 했다. 양치기 개는 암캐에게 이제 새끼를 낳았으니 집을 돌려달라고 했다. 그러나 암캐는 아직 새끼들이 너무 어리니 새끼들이 좀 클 때까지 기다려 달라고 부탁했다. 양치기 개는 어쩔 수 없이 암캐의 부탁을 들어주었다. 시간이 흘러 새끼들이 많이 자랐다. 양치기 개가 이제 새끼들도 많이 컸으니 집을 돌려 달라고 했다. 그랬더니 암캐는 날카로운 이를 드러내고 새끼들까지 같이 합세해 으르렁거리며 집을 돌려줄 수 없다고 위협했다. 양치기 개는 암캐에게 집을 빌려준 것을 후회하며 발길을 돌렸다(집을 빼앗은 암캐).

직장에서 복수하지 마라. 결코 남는 장사가 아니다

직장에서 오랫동안 나를 괴롭혀온 상사가 있다. 면박을 주고, 무시하고, 고과도 항상 나쁘게 줬다. 주말에도 이 사람 생각이 머리에서 떠나질 않았다. 기회가 오면 반드시 응징하리라 다짐했다. 드디어 기회가 왔다. 상사가 코너에 몰렸고 내가 발로 차주기만 하면 그는 조직에서 끝이다. 가만히 놔둬도 상사의 운명은 결정돼 있는데 내 손에 피를 묻혀야 하는 걸까? 이솝에게 지혜를 구했다.

한 농부는 여우가 자신의 송아지를 잡아간 데 대해 두고두고 이를 갈고 있었다. 그러다 농부는 절치부심 끝에 드디어 여우를 잡았다. 농부는 여우에게 복수하기 위해 여우꼬리에 기름을 잔뜩 묻힌 밧줄을 묶은 다음 불을 붙였다. 꼬리에 불이 붙은 여우는 뜨거워 어쩔 줄 모르고 날뛰다가 농부의 밭으로 들어갔다. 밭에는 추수한 곡식이 가득 있었고, 꼬리에 불이 붙어 날뛰던 여우에게 불이 옮겨 붙은 곡식은 모두 타버리고 말았다. 여우도 곡식과 같이 불에 타 죽었다. 농부는 그저 불에 탄 곡식과 여우를 보고 망연자실할 뿐이었다(여우에게 복수한 것을 후회하는 남자).

『일개미의 반란』은 필자가 〈직장인이 꼭 읽어야 할 이솝 이야기〉라는 제목으로 인터넷 카페, 블로그, 각종 저널에 소개한 100여 편의 글 중에서 65편을 묶어낸 것이다. 이에 대한 독자들의 관심은 '직.꼭.이'라는 별칭을 얻을 정도로 큰 관심을 받아왔다. 원래 '직.꼭.이'는 이솝 이야기와 이솝와인바(bar)라는 제목으로 직장인이 꼭 알아두어야 할 교훈으로 구성돼 있다. 여기에 이솝 이야기와 교훈을 직장에서 실제로 발생할 수 있는 예화를 곁들여 한 편의 완성된 내용으로 구성했다.

이솝은 항상 사악한 사람의 유형을 '여우'로, 비열한 사람은 '늑대'로, 한심한 사람을 '당나귀'로 묘사했다. 필자는 이 같은 이솝의 정의를 직장에서는 '여우 같은 상사, 늑대 같은 동료, 당나귀 같은 부하 직원'으로 표현했다. 그리고 예화에 소개된 이니셜도 처음에는 김 상무, 이 부장, 박 차장, 최 과장, 정 대리, 조 주임 등으로 표현했으나 탈고하는 과정에서 해당하는 인물과 호칭이 똑같은 사람이 많다는 사실을 고려해 L 상무, K 차장, Y 대리와 같이 영어 이니셜로 바꿨다.

『일개미의 반란』은 이솝이 들려주는 지혜의 메시지가 분명하다. 기원전 6세기에 살았던 이솝이 우리에게 들려주는 지혜의 메시지는 위기의 시대에 외줄을 타는 직장인을 넓고 안전한 길로 안내해줄 것이다. 어떻게 지혜롭게 생각하고 행동할 것인가를 고민하는 독자들에게 인류의 위대한 스승인 이솝을 소개하게 된 것은 개인적으로도 커다란 영광이다. 더불어 멋진 카툰으로 이솝의 메시지를 전해준 시사만화가 오금택 작가에게 감사의 말을 전한다. 그리고 무엇보다 이 글을 읽는 독자들에게 고한다. "직장에서 당신이 원할 때까지, 승승장구할 때까지 끝까지 생존하라." 이것이 일개미의 반란이다.

2009년 늦은 가을
이솝와인바에서
정 진 호

『이솝우화』 지은이로 알려진 이솝은 기원전(BC) 6세기경 그리스에 살았던 인물로 알려져 있다. 이솝이 살았던 시기는 세계사로 보면 로마제국이 건국된 후 약 200년이 된 시점이자, 노예제도를 근간으로 하고 있으며, 한국사로 보면 역사적 사료가 거의 없는 고조선 시대다. 지금으로부터 약 2,600년 전 노예 신분인 것으로 알려진 이솝에 대해서는 정확한 사실이 남아 있지 않다. 그러나 이솝은 『그리스로마 신화』의 지은이로 알려진 호머와 함께 인류의 위대한 문화유산인 『이솝우화』의 지은이로 그가 태어나 살던 시대뿐 아니라 2,600년이 흐른 지금까지도 인류의 꾸준한 사랑을 받고 있다.

　　이솝은 실존 인물이 확실하다. 그리스 역사가 헤로도투스(BC 484~425년경)에 의해 기원전 6세기 초반에 살았던 사람으로 소개됐고, 소크라테스(BC 470?~399년)의 제자인 위대한 사상가 플라톤(BC 427~348년)과 그의 제자 아리스토텔레스(BC 384~322년)에 의해 연구되고 기록됐던 인물이다. 그러나 이솝의 전 생애를 책으로 처음으로 남긴 사람은 비잔틴의 수도승인 플라누네스(AD 1260~1330년)다. 이후 프랑스의 대표적인 우화 작가인 라 퐁텐(AD 1621~1695년)의 『우화집 Fables』 1권 앞부분에 '이솝의 생애'가 소개돼 있다.

　　라 퐁텐의 '이솝의 생애'에 의하면 이솝은 기원전 6세기경 그리스의 프리지아에서 태어났다. 처음에는 노예 신분이 아니었지만 너무 못생긴 외모 때문에 할 수 있는 일이 없어 결국 노예가 됐다고 한다. 그러나 주인은 일하는 노예 이솝의 영특한 머리와 말재주를 알아채어 집사 겸 비서로 활동하게 한다. 이솝은 위기에 빠진 주인을 동물에 빗대어 얘기하여 여러 번의 위기에서 주인을 구해준다. 그러나 정작 이솝이 유명해진 것은 노예들이 사는 모습을 동물에 빗댄 짧은 우화로 여우 같은 사악한 노예에게는 부끄러움을, 늑대처럼 야비한 노예에게는 비웃음을, 당나귀 같은 멍청한 노예에게는 깨달음을 주기 때문이다. 또 많은 동물의 상징을 이야기로 만들어 노예들에게 지혜를 전달해서다. 물론 이솝 이야기에는 동물뿐 아니라 태양, 바람, 나무, 사람도 등장한다. 그래서 '이솝우화'라는 표현보다 '이솝 이야기'가 더 정확할 것이다.

10

이솝과 이솝 이야기에 대한 소문이 퍼지자 이솝의 지혜에 관심을 보이는 귀족들이 하나둘 늘어나기 시작했고, 이솝은 그리스 여러 나라의 왕과 왕비도 만나게 된다. 그들에게도 우화를 통해 미련함과 사악함을 깨닫게 해줘 결국 그리스에서 유명인사로 대접받게 된다. 이솝의 최후는 '이솝의 생애'에서 사람들의 모함을 받아 낭떠러지에서 떨어지는 형벌을 받아 죽은 것으로 기록돼 있다.

독자들이 일반적으로 알고 있는 『이솝우화』와 여기에서 소개하는 이솝 이야기에는 차이가 있다. 원래의 이솝 이야기는 노예제도 사회의 노예 모습을 빗대어 만든 이야기이기 때문에 매우 잔인하고 무섭다. 그러나 이솝 이야기가 교훈적인 내용이 많다 보니 내용을 각색해 아이들에게 교훈을 주는 얘기로 많이 소개됐다. 이 책에 소개된 이솝 이야기는 태생적으로 오리지널 이솝 이야기에 가깝다. 그래서 이솝 이야기에는 '찢어 죽였다' '밟아 죽였다' '굶어 죽었다' '턱뼈가 날아갔다' '물어 죽였다' 등 잔인한 표현들이 많이 나온다. 하지만 너무 걱정하지 않아도 된다. 이솝은 잔인한 사이코패스가 아니다. 그러나 그가 그렇게 잔인한 표현을 사용한 것에는 이유가 있다.

여우 같이 사악한 짓을 하거나, 늑대 같이 야비한 짓을 하거나, 당나귀처럼 바보 같은 짓을 했을 때 잔혹한 결과를 맞는다는 귀결은 항상 같다. 이솝은 이솝 이야기를 통해 힘없고 약한 양을 괴롭히지 말고, 비둘기처럼 작은 은혜라도 베풀고, 또 은혜를 입었으면 사자에게도 은혜를 갚으라고 한다. 물론 늑대나 뱀 같은 족속들은 아무리 노력해도 본성을 바꾸지 못하니 처음부터 가까이하지 말라는 교훈도 있다. 이솝 이야기는 노예들이 사는, 정글처럼 복잡하고 위험천만한 세상에서 자신을 지키고 사랑을 나누며 살고자 하는 인류에게 2,600년 전 지혜로운 노예 이솝이 보내는 지혜와 사랑의 메시지라 할 수 있다.

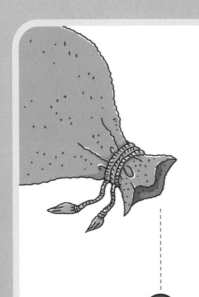

1장 생존하기 위해 해서는 안 될 행동

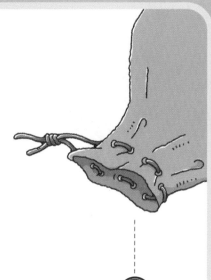

먼저 기회를 잡을 수 있는 '사람 읽는 기술' 2장

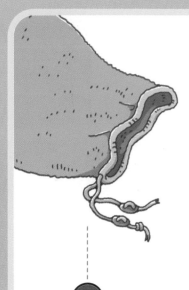

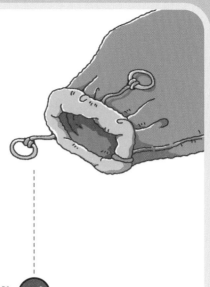

꼭 기억해야 할 '직장의 법칙' 4장

| 나가며 – "당신이 원할 때까지 직장에서 살아남아라."

1장.
생존하기 위해 해서는
안 될 행동

Aesop's
Fables

시기와 질투는 이상 행동을 하게 만든다

애완견을 흉내 낸 당나귀

어느 남자가 당나귀 한 마리와 예쁜 애완견 한 마리를 키우고 있었다. 애완견은 남자를 보면 항상 꼬리를 흔들었고, 앞다리를 들고 두 발로 서서 재롱을 피우거나 혓바닥으로 주인의 손등을 핥았다. 남자는 이런 애완견을 예뻐했다. 애완견은 남자가 사는 집 안에서 생활하고, 남자가 주는 음식을 식탁 밑에서 먹었다. 당나귀는 매일 방아를 찧고, 무거운 짐을 나르고, 마구간에서 건초를 먹는 자신의 운명을 한탄하며 애완견을 시기하기 시작했다.

어느 날 당나귀는 갑자기 밧줄과 굴레를 끊어버리고는 남자가 사는 집으로 돌진했다. 집으로 들어간 당나귀는 앞발을 들고 두 발로 서서 주인에게 아양을 떨었는데 앞발을 내려놓자마자 식탁의 접시며 컵이 모두 깨져버렸다. 이번에는 꼬리를 흔들었는데 엉덩이에 가구와 장식장이 부딪혀 부서져 버렸다. 급기야 긴 혀를 내밀어 남자의 얼굴을 핥았다. 소동에 깜짝 놀란 하인들은 몽둥이를 들고 들어와 당나귀가 죽지 않을 정도로 두들겨 패고는 밖으로 쫓아냈다.

직장에서 시기와 질투는 백해무익하다. 이는 성장 동력이 아니라 성장 동력마저 멈추게 할 정도로 직장생활에 나쁜 영향을 미친다. 직장 동료 중에는 문서 작성의 달인, 프레젠테이션의 달인, 인맥 관리의 달인이 있다. 달인이 선배나 상사일 경우는 문제가 될 게 없지만 경쟁자일 때는 시기와 질투심에 눈이 멀 수 있다. 시기하는 마음이 질투심으로 발전하면 상대방을 험담하게 된다. 뒷담화도 자주 하게 되면 점점 상대가 미워지고 급기야 무리수를 두게 된다.

동료와 술자리를 자주 갖고 늦게까지 술 마시는 걸 좋아하는 사람이 있다. 천성적으로 사람들과 어울리는 걸 좋아하고 가정에서도 늦게까지 술 마시는 게 용인된 사람이다. 이런 유형의 사람은 업무 역량은 떨어져도 좋은 인간관계를 바탕으로 정보도 빠르게 얻고, 동료들의 업무 지원도 잘 받는다. 이런 사람을 질투하는 사람은 태생적으로 술을 좋아하지 않을뿐더러 모아놓은 돈도 별로 없는 사람이다. 그런 사람이 술로 인간관계를 만들겠다면서 술만 마셨다 하면 만취가 되고, 동료에게 실수하거나 만신창이가 돼서 귀가한다. 과도하게 카드를 긁어 카드 빚에서 헤어 나오지 못하는 경우도 있다. 한두 번 이런 상황이 반복되다 보면 자신도 통제가 불가능하게 된다. 주량은 좀 늘겠지만 그는 이미 많은 것을 잃고 만다. 한 마디로 시기심 때문에 분수에 맞지 않은 행동을 한 것이다.

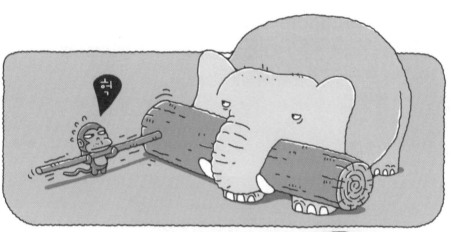

흥!나도
그정도는
들 수 있어!

넌 나무 타는
재주가 있잖아!
코끼리는
나무를 못타!
남의 재주를
시기하지 말고
네 장점을
살리셔!

조직행동 유형을 측정하는 DISC에 보면 주도형(Dominance), 사교형(Influence), 안정형(Steadiness), 신중형(Conscientiousness)이 있다고 한다. 조직행동 유형은 단지 특성에 불과할 뿐 어떤 것이 좋고 나쁘다고 말할 수는 없다. 부족한 것은 채워가면 되는 것이다.

시기심은 판단력을 흐리게 한다. 질투심은 본분을 망각하게 한다. 시기심과 질투심으로 일을 하다 보면 반드시 실수를 하게 된다. 동료 경쟁자의 강점을 인정하고 배우기 위해 노력하는 자세가 필요하다. 어떤 일에 전문가가 되려면 적어도 3년 동안 한 가지 일을 꾸준하게 해야 한다. 현재 전문가인 경쟁자는 긴 시간 동안 그가 숙련한 결과라는 점을 명심하자. 시기심이나 질투심보다 오히려 나의 장점과 강점을 부각시켜 내가 조직에 필요한 존재임을 인식시키는 데 힘을 기울이는 편이 훨씬 지혜롭다.

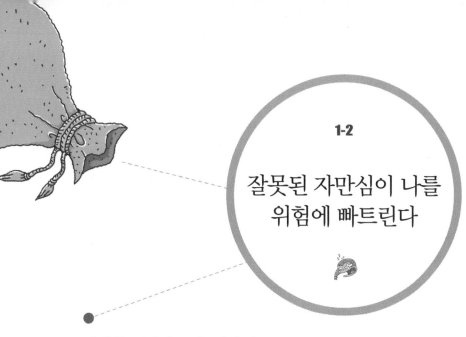

1-2

잘못된 자만심이 나를 위험에 빠트린다

사자를 쫓다가 죽은 당나귀

당나귀와 수탉이 마당에서 한가롭게 놀고 있던 어느 날, 사자가 슬금슬금 다가와 당나귀를 잡아먹으려고 뛰어올랐다. 닭 울음소리를 사자가 지독하게 싫어한다는 사실을 아는 수탉은 목이 터져라 "꼬끼오! 꼬끼오!"를 외쳤다. 수탉의 울음소리를 듣자 사자는 '걸음아, 날 살려라.' 라 하며 줄행랑을 치기 시작했다. 수탉의 울음소리에 도망치는 사자를 보고 용기가 난 당나귀는 사자를 쫓아가기 시작했다. 그러나 수탉 울음소리가 들리지 않은 지점에 가자, 사자는 돌아서서 쫓아오는 당나귀를 잡아먹어 버렸다.

직장생활이 순탄한 사람을 보면 커뮤니케이션 능력이 강하다는 걸 알 수 있다. 그런 사람은 상사, 부하 직원, 동료, 고객 등 누구와도 잘 어울리고 항상 좋은 평판이 따라다닌다. 반대로 가끔 '이 사람이 어떻게 이 자리까지 올라왔나?' 싶을 정도로 커뮤니케이션이 안 되는 사람이 있다. 바로 S 팀장이 그런 사람 중 하나다. 그는 팀장인데도 팀원들과 자주 부딪친다. 회의에서도 과장과 말다툼하다가 결국 큰소리를 내고 분위기를 어색하게 만들기 일쑤다. 팀원들은 회의에서 팀장과 과장이 서로 티격태격하는 걸 지켜보는 구경꾼이 된다. 그러다 시간이 좀 지나면 팀장과 과장의 싸움을 팀원들이 말리면서 회의가 끝나는 것이 정해진 수순이었다. 몇 달이 지나자 이제는 팀장과 대리가 서로 말다툼을 한다. 팀장은 버럭 소리를 지르고 대리는 이를 무시한다. 사내에서 S 팀장은 회의만 하면 싸운다는 소문이 파다해지고 S 팀장의 평판은 이제 알 만한 사람은 다 알게 된다.

이렇게 팀장과 팀원들의 관계가 좋지 않은 팀에 새로 사원 한 명이 배치됐다. 그 사원의 건방진 성격 역시 이미 잘 알려져 있는 상태다. 그런 그가 팀에 배치된 이후 처음으로 회의에 참석했다. 소문으로만 듣던 팀장과 대리의 말다툼을 직접 목격한 그는 웃음을 참으면서 PC를 켜서 메신저로 아는 동기들에게 팀 회의 분위기를 여기저기에 알린다. 시간이 지나 그 사원도 팀 분위기에 익숙해지고 팀원들과도 제법 친해졌다. 그러다 마침 전운이 감돌던 회의에서 팀장이 그 사원에게 큰소리를 치기 시작했다. 그 사원은 팀장에게 지지 않고 말대답을 했

더 잘할 수
있을거같아?
그럼
한번 해 봐!

으악~

그들은
그들만의
노하우가
있는 거야!
비슷하다고
같은 건
아니지!

25

고, 언쟁까지 벌였다. 팀원들은 그의 행동에 대해 '이건 아닌데'라고 생각하기 시작했다. 팀장 역시 회의가 끝나기 무섭게 바로 인사팀에 통보해 그 사원을 지방으로 발령을 내버렸다. 그리고 얼마 후 그 사원은 회사를 떠났다.

직장생활에서 다른 사람의 흉내를 내지 마라. 그 사람이 한다고 나도 할 수 있다고 생각하는 것은 자신감이 아니라 '잘못된 자만심'이다. 상대방을 잘 모르고 이를 얕잡아 보는 자만심은 매우 위험하다. 인간관계는 항상 상대적이다. 객관적으로 약해보이는 사람이지만 나에게는 강할 수 있다. 부하 직원에게 끌려다니는 상사라고 가볍게 보면 안된다. 당나귀인 당신에게는 사자 같은 상사일 수 있다. 사자는 수탉에게만 약하고 모두에게 강하다. 당나귀는 수탉보다 강하지만 거의 모두에게 약하다.

26

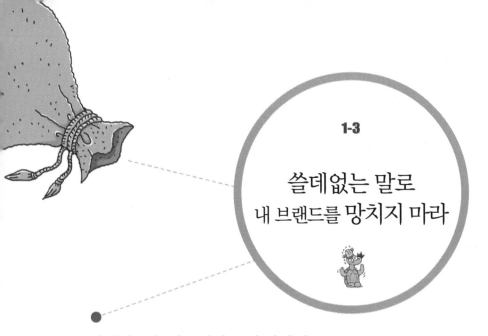

1-3

쓸데없는 말로
내 브랜드를 망치지 마라

사자가죽을 여우에게 들킨 당나귀

우연히 사자가죽을 주운 당나귀가 사자가죽을 뒤집어쓰고 숲 속 여기 저기를 다니며 사람과 동물들을 놀라게 했다. 한참 재미있게 놀고 있는데 여우 한 마리를 만났다. 당나귀는 여우를 놀라게 해줄 생각으로 "어훙!" 하고 소리를 질렀다. 사자를 보고 깜짝 놀란 여우는 당나귀 목소리를 알아차리고 한마디했다. "이런 멍청한 당나귀야! 목소리를 듣지 않았다면 놀랐겠지만 당나귀 목소리를 듣고 놀랄 동물이 어디 있어?"

용궁사란 →

토끼의 간을 얻을려면 환심을 사야 해!
......

일 잘하는 팀장이 있다. 얼마 전 그가 '팀장 리더십'에서 배운 게 있다면 '직원과 개인적인 유대감을 강화하라.'는 거였다. 그동안 팀원과 개인적인 대화를 거의 나눈 적이 없던 터라 직원들과의 유대감을 강화하는 데 노력하기로 마음을 먹었다. 어느 날, 화장실에서 우연히 만난 L 대리와 마주친 팀장은 다정하게 말했다.

"L 대리 애는 잘 크고 있지?"

"......."

L 대리는 할 말이 없었다. 그는 '결혼도 안 했는데 애가 잘 크냐고?' 하고 속으로 되물을 수밖에 없었다. 또 팀장은 회식 자리에서 미혼인 여직원에게 "아버지는 무슨 일을 하시나?"며 물었다. 여직원은 아무런 대꾸도 않다가 화장실에 가서 아무도 모르게 울었다. '지난해 아버지 상 당했을 때 와서 힘내라고 해놓고선?' 팀장 리더십 교육에서는 강사가 업무 일지에 직원의 생일과 중요한 사건은 기록해놓고 기억하라고 했지만 팀장의 업무 일지에는 업무 관련 메모만 빽빽할 뿐 팀원들의 개인 정보는 하나도 기록돼 있지 않았다(부하 직원들의 생일을 챙겨주는 상사는 믿을 수 있는 사람이다!).

영업 잘하는 S 과장은 50대 여성 임원을 신규 고객으로 확보했다. 일이 잘 성사돼 식사를 같이하게 됐을 때 S 과장은 별 생각 없이 "이사님. 일 때문에 자녀들 교육에 신경 쓰기 어려우시겠어요?"라고 물었

다. "저, 미혼이에요."(영업한다는 사람이 미혼에게 애를 가졌냐고 해도 모욕적인데 애가 학교 다니고 있냐고!) B 대리의 경우도 이와 비슷하다. 팀장과 지방 출장을 가는 길이었다. 운전을 하던 B 대리는 팀장에게 말을 건넵시고 "팀장님, 주말에는 사모님하고 뭐 하시면서 지내세요?"라고 물었다. 몇 년 전 부인과 이혼한 팀장은 아무 대답도 하지 않았다.

상대방에 대해 잘 모르는 상태에서 개인적인 질문은 조심해야 한다. 아무 생각 없이 질문을 했다가 개념 없는 사람으로 취급받을 수 있다. 좋은 회사, 높은 지위, 번듯한 외모를 갖춘 사람이 말 한 마디 잘못해서 실없는 사람이 되는 건 시간문제다. 32세라는 나이에 부인이 갑상선암으로 세상을 등졌다, 눈에 넣어도 아프지 않을 다섯 살짜리 아들이 갑자기 병으로 세상을 떠났다, 58세밖에 되지 않은 어머니가 병치레 끝에 돌아가셨다 등 직장인에게는 남들이 모르는 사연이 있게 마련이다. 이혼율이 높고, 결혼은 늦거나 싱글 라이프를 추구하는 사람, 아이를 많이 가지지 않는 요즘 추세에는 사전 정보 없이 개인적인 질문을 하면 경솔한 사람으로 오해받기 쉽다. 조심해서 말을 하는 것보다 차라리 안하는 편이 낫다.

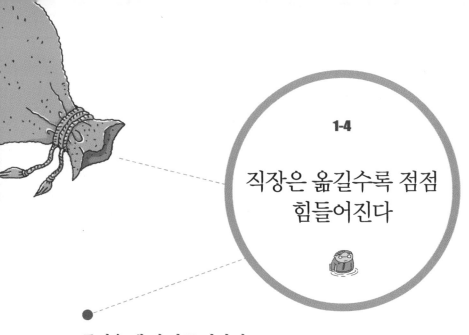

1-4

직장은 옮길수록 점점 힘들어진다

주인을 세 번 바꾼 당나귀

농장에서 일하는 당나귀가 있었다. 농장 주인이 먹을 것은 조금 주고 일은 너무 고되게 시킨다고 생각한 당나귀는 신들의 신 제우스에게 주인을 바꿔달라고 기도했다. 제우스는 소원을 들어주기 위해 당나귀를 벽돌공장으로 팔려가게 했다. 얼마 후, 당나귀는 무거운 짐을 운반하고 더 힘든 일을 해야 한다고 불평하며 제우스에게 주인을 바꿔달라고 기도했다. 제우스는 당나귀를 가죽가공업자에게 팔려가게 했다. 새 주인 밑에서 일하던 당나귀는 주인의 직업이 동물 가죽을 벗겨 파는 일임을 알고는 신음하며 말했다. "예전 주인들은 먹이를 조금 주고 일은 많이 시켰지만 가죽을 벗기지는 않았는데 윽! 이건 정말 최악이다!"

평생직장 시대가 평생이직 시대로 바뀌고 있다. 이직 경험이 있는 직장인들은 이전 회사에서 근무할 때는 그 회사가 최악이지만 다른 회사로 옮겨 근무하다 보면 이전 회사가 최선이었음을 알게 된다고 말한다. 그리고 그들이 이전 회사에 남아 있는 동료들에게 해주는 얘기는 한결같다. 적을 만들지 마라, 관계는 항상 역전된다, 서두르지 말고 항상 준비하라는 것이다. 직장인이 이직을 고려하는 세 가지 요소는 사람, 환경, 돈(품위 있게 연봉)이다. 대부분의 직장인이 회사를 옮기는 이유는 현재 근무하고 있는 회사에 대한 불만 때문이다. 단지 직장을 옮기는 것으로 그 불만이 해소될 수 있는 것인지 생각해봐야 한다.

A 차장은 팀장 승진 이후 많은 업무량 때문에 힘이 들었다. 그가 생각하기에는 회사를 옮기기 전에는 이 고통을 끝낼 수 없을 것만 같았다. 그래서 A 차장은 회사를 옮겼다. 옮긴 회사는 이전 회사에 비해 일은 적었다. 가끔 칼퇴근도 할 수 있었고 이전 회사처럼 야근하면 일 많이 한다고 임원이 좋아했다. 그런데 새로운 문제가 생겼다. 임원이 사사건건 업무를 간섭하고 재량권을 주지 않는 것이다. 한 마디로 대리급 임원인 셈이다. 입사 후 얼마 되지 않아 업무와 관련해 임원과 몇

이놈의
회사는
사람도
물도
너무좁아!

번 부딪치는 사건이 생기고 부하 직원도 긴장감은커녕 자신의 주장을 굽히지 않는데다 업무와 관련해 소소한 질책이라도 하면 금방 사내에 나쁜 소문이 돌았다. A 차장은 1년 정도 버티다가 인간관계에 휘둘리는 것이 일에 치이는 것과는 비교도 되지 않는다는 걸 알았다. 더는 견딜 수 없다고 생각한 A 차장은 이직을 결심하고, 새로운 조직에 들어가게 됐다. 다행히 새로운 회사의 임원은 업무 자율성을 존중해주었

고 부하 직원들도 똑똑하고 일도 잘했다. 그러나 이 회사는 실적에 대해서는 칼 같이 관리하는 조직이었다. 새로운 환경에 적응도 하기 전에 대표이사까지 직접 실적을 챙기는 것이다. A 차장은 입사 3개월 만에 실적 부진 팀장이 돼 팀장 직책을 반납하는 상황이 되고 말았다.

직장을 옮기는 사람은 현재의 직장이 최악이라고 생각한다. 하지만 직장을 옮기고 시간이 지나면서 이전 직장에서 자신이 취했던 행동들을 반성하곤 한다. 현재 직장이 최악이라면 무조건 버티는 게 능사는 아니다. 해결책도 없이 하루하루를 고통 속에 보내는 것은 불쌍한 선택이다. 회사를 옮겨야 할 상황이라면 현재의 회사에서 자신이 잘못하고 있는 점, 부족한 점 등을 충분히 되돌아보고 이를 정리한 상태에서 새로운 직장으로 옮기는 절차가 반드시 선행돼야 한다. 새로운 직장에서 같은 시행착오를 반복하지 않으려면, 그리고 성공하고 싶다면 그렇게 해야 한다.

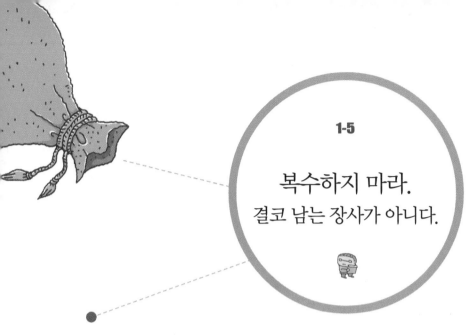

복수하지 마라.
결코 남는 장사가 아니다.

여우에게 복수한 것을 후회한 남자

한 농부는 여우가 자신의 송아지를 잡아간 데 대해 두고두고 이를 갈고 있었다. 그러다 농부는 절치부심 끝에 드디어 여우를 잡았다. 농부는 여우에게 복수하기 위해 여우꼬리에 기름을 잔뜩 묻힌 밧줄을 묶은 다음 불을 붙였다. 꼬리에 불이 붙은 여우는 뜨거워 어쩔 줄 모르고 날뛰다가 농부의 밭으로 들어갔다. 밭에는 추수한 곡식이 가득 있었고, 곡식은 꼬리에 불이 붙어 날뛰던 여우에게 불이 옮겨 붙어 모두 타버리고 말았다. 여우도 곡식과 같이 불에 타 죽었다. 농부는 그저 불에 탄 곡식과 여우를 보고 망연자실할 뿐이었다.

조직 개편으로 새 임원이 부임했다. 최선임자 팀원인 P 차장은 새 임원에게 성심을 다했으나 임원은 의도적으로 P 차장을 멀리했다. 시간이 흐르자 새 임원은 P 차장을 업무에서 배제하고, 소위 '따'를 시키기에 이른다. 새 임원은 정치적인 인물이라 조직을 장악하기 위해 최고참 P 차장을 의도적으로 배제했다. 게다가 새 임원이 경영진에 P 차장의 업무 능력이 떨어진다고 보고한 것까지 알게 됐다. P 차장은 자존심도 상했지만 무엇보다 자신이 아무리 노력해도 가능성이 없다고 생각했다. P 차장은 새로 온 임원 때문에 직장생활에 심각한 위기를 맞은 것이다.

이렇게 몇 달을 보내면서 P 차장은 회사를 옮기기로 결심하고 다른 회사를 알아보기 시작한다. 그때부터 만나는 사람에게 새 임원의 문제점을 얘기했다. 급기야 대표이사와의 면담에서 자신의 억울함을 호소하고 새 임원의 문제점까지 토로했다. 이미 회사를 옮기기로 한 이상 새 임원에 대한 미움을 숨기기 싫었던 것이다. 결국 새 임원은 경영진으로부터 질책을 받았고, 새 임원 역시 P 차장에게 앙심을 품게 됐다. 얼마 후 P 차장을 관리하는 헤드헌터는 P 차장에 대한 레퍼런스를 체크하다가 P 차장이 조직 내에서 새 임원을 험담하고, 대표이사에게 새 임원에 대한 문제를 제기한 '하극상'까지 확인하기에 이른다. P 차장은 몇 차례의 이직 시도가 무산됐으며, 자신이 원치 않은 회사로 옮기는 신세가 되고 말았다.

직장생활에서 상사를 잘못 만나 고과를 받지 못하고, 연봉이 깎이고, 한직으로 밀리게 되면 그 고통은 말로 형언할 수 없다. 대부분의 직장인들은 이럴 때 이직을 생각하기도 하고, 와신상담하는 심정으로 '복수'를 꿈꾸게 된다. 상황은 항상 역전의 가능성이 열려 있다. 복수

37

할 수 있는 기회가 와도 대부분 사람은 상사가 밉지만 앞날을 생각해 복수하지 않는 현실적인 선택을 하게 된다. 몇몇 사람은 복수를 감행하지만 복수는 또 다른 복수만 부를 따름이다. 특히 승진이나 이직과 같은 절호의 기회가 왔을 때 복수를 당한 사람으로 인해 모든 기회가 물거품이 되는 경우가 허다하다.

직장에서 복수는 하지 않는 게 좋다. 자기를 괴롭힌 사람을 용서하지는 말되, 복수를 하기 전에 먼저 손익 계산을 따져봐야 한다. 직장에서의 복수는 손익이 맞지 않는다. 새롭게 시작하는 마당에 과거의 일과 사람 때문에 발목이 잡힐 수는 없다. 한순간의 감정을 참지 못해 복수를 하게 되면 두고두고 그 일에 발목을 잡힌다. 깨끗이 잊어버리고 새 출발하자.

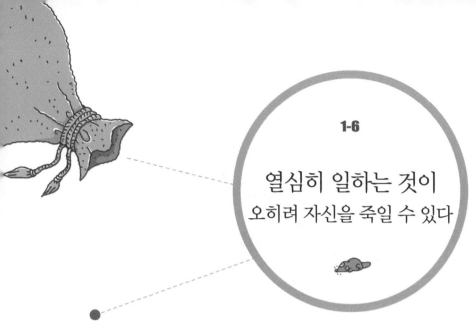

1-6

열심히 일하는 것이
오히려 자신을 죽일 수 있다

대장간에 들어간 족제비와 칼

족제비 한 마리가 대장간에 들어섰다. 칼 한 자루가 보이기에 족제비는 칼을 혀로 핥았다. 칼을 혀로 핥으니 날카로운 칼날에 혀가 베여 피가 스며 나왔다. 피 맛을 본 족제비는 칼에서 피가 나오는 줄 알고 계속 혀로 칼을 핥았다. 결국 족제비의 혀는 칼날에 베이고 닳아 없어지고 말았다.

직장인 중에는 자신에게
해가 되는 행동을 지속적으로
반복하다가 결국은 화를
자초하는 사람이 있다.
바로 직장 동료들을
시도 때도 없이 험담
하는 사람이다. 직장
인들은 남을 험담하기
좋아하는 사람을 만나게
되면 '이 사람은 다른 사람에게도 나
를 험담할 수 있는 사람'이라고 판단한다. 이 사람 저 사람 만나 동료
들을 험담하는 것에 재미를 붙인 S 차장은 자연적으로 사내에서 기피
대상 1호가 됐다. 심지어 그는 아무런 근거 없이 상사를 험담하다가
상사에게 찍혀 타 부서로 선출낭하기도 됐다. 전출된 부서의 동료들
도 험담을 잘하는 그의 성향을 소문으로 익히 알고 있던 터라 말을 붙
이는 사람이 없었다. 상사도 업무 외에는 일절 말을 붙이지 않았다. 그
는 사무실에서 입을 봉하고 근무할 수밖에 없었다. 한 달 정도 말 한
마디 못하고 투명인간으로 살아야 했던 그는 결국 회사를 옮기고 만
다. 결코 득이 되지 않는 험담을 즐기다가 오히려 자신을 죽이는 결과
를 맞은 것이다.

불성실한 사람도 마찬가지다. 사무실에서 온종일 컴퓨터 앞에 앉아
인터넷 뉴스를 보고, 친구들과 메신저하고, 인터넷 홈쇼핑에서 쇼핑하
고, 만화를 즐겨보는 직원이 있다고 하자. 이런 사람은 일을 하지 않기
때문에 거짓말을 많이 할 수밖에 없다. 거짓말로 하루하루를 때울 수

는 있지만 업무 성과는 거짓말이 통하지 않는다. 사무실에서 열심히 일하지 않아도 월급 꼬박꼬박 받고 편안하게 직장생활한다고 자신의 처세 능력에 감탄할지도 모른다. 알다시피 직장이란 곳이 그리 말랑말랑한 곳은 아니다. 성과 부진은 요령으로 피할 수 있는 것도 아니고, 거짓말까지 하다간 신용 없는 사람으로 낙인찍히게 된다. 결국 자신을 죽이는 행동이 분명한데도 자신이 놀고 있는 게 아니라 뭔가를 하고 있다는 착각을 한다. 그리고 그 화는 고스란히 자신에게 돌아온다.

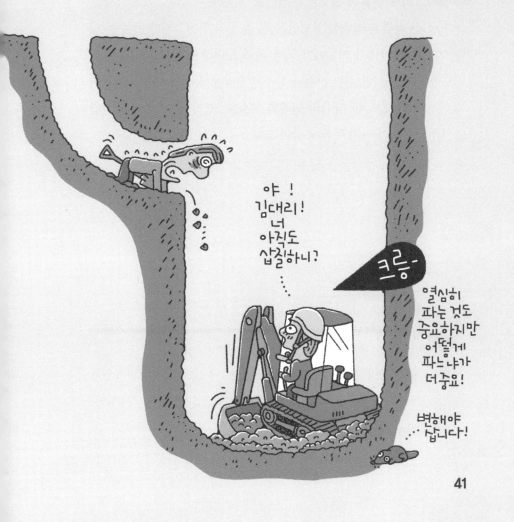

자기계발에 게으른 사회 초년생도 마찬가지다. 신입사원들 중에는 아무런 플랜 없이 자신의 일만 열심히 하는 사람이 많다. 자신에게 주어진 일은 성실하게 수행하고, 두뇌 회전도 빨라 일 처리도 깔끔하다. 문제는 전문가 정신이 부족해 자기계발에 노력하지 않는다는 데 있다. 한 달 동안 책 한 권 읽지 않는다는 건 문제가 있다. 전문 분야 인터넷 커뮤니티에 가입해 정보도 공유하고 모임에도 나가 네트워크도 형성하면 좋으련만 그런 의지조차 없다면 상황은 더욱 심각하다. 행여 블로그라도 만들어 정보를 수집하고 공유하는 노력도 기울이지 않는다. 이런 사람은 평범한 직장인은 될 수 있지만 전문가가 될 수는 없다. 자신의 분야에서 전문가가 되기 위해 노력하지 않으면 별다른 실력도 없이 큰소리만 치는 선배나 상사와 똑같은 자신의 모습을 발견하게 될 것이다. 그나마 당신의 선배와 상사는 그 자리까지라도 왔지만 당신은 그곳까지 가지 못할 공산이 크다.

생각 없이 열심히 일하는 것으로는 전문가가 될 수 없다. 오히려 열심히 일하기 때문에 스스로 자신에게 도덕적 짐만 덜어줘 더 성장할 수 있는 기회를 영원히 잃게 만든다.

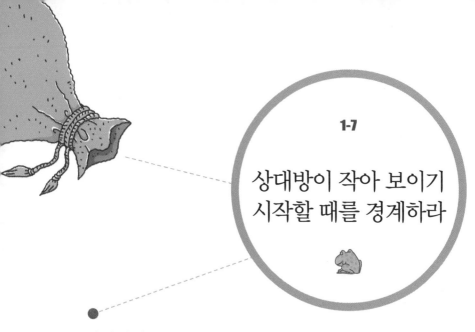

1-7
상대방이 작아 보이기
시작할 때를 경계하라

사자에게 까불다 죽은 늑대

태양이 서서히 저무는 어느 날 저녁, 사물의 실제 크기보다 그림자가 길게 드리워지는 시간이 다가왔다. 늑대는 자신의 그림자를 보고 '내가 언제 이렇게 커버렸지?'라고 생각하면서 어깨가 으쓱해졌다. 그림자가 사자의 두세 배는 더 커 보였던 것이다. 우뚝 솟은 송곳니와 날카로운 발톱, 강인한 다리, 영특한 두뇌와 빠른 몸놀림을 가진 늑대는 사자보다 부족한 것은 크기뿐이라고 생각했는데 이렇게 컸으니 더 이상 사자가 무섭지 않았다. 마침 근처에 사자가 어슬렁거리며 다가오고 있었다. 예전 같으면 뒤도 돌아보지 않고 줄행랑을 쳤을 텐데 늑대는 더 이상 사자를 피하지 않기로 마음먹었다. 늑대가 자신을 보고 도망가기는커녕 다가오는 것을 본 사자는 빠른 속도로 달려가 앞발로 늑대를 후려치고, 목을 물었다. 잘못된 자만심으로 명을 재촉한 늑대는 뒤늦게 후회했지만 아무런 소용이 없었다.

직장생활을 하면서 괄목할 만한 성과를 이뤄 조직에서 인정받는 때가 있다. 상사에게 칭찬받고 동료와 후배로부터 부러움을 한 몸에 받는 시기가 온다. 팀장에게 칭찬을 받으면 동료 앞에서도 우쭐한 마음이 들고 스스로 자부심도 생긴다. 임원이나 팀장이 상사보다 자신을 더 인정하고 친근하게 대하는 것처럼 보인다. 임원

어느 날부터
상사가
만만해
보이기
시작하면

일단!
자신의 몸집을
최대한으로
불려!

흐읍-

이 자신을 신뢰하면 할수록 직속 상사인 팀장의 사내 영향력이 미미해 보이고 만만하다는 생각을 하게 된다. 누구든지 일을 잘해서 사내에서 인정받는 것을 좋아한다. 문제는 자부심이 지나쳐 자만심이 되는 것이다. 이럴 때 상대방이 작아 보인다.

가령 이런 상황에서 임원과 팀장 사이가 일시적으로 나빠졌다고 가정해보자. 임원은 팀장 밑에 있는 직속 과장을 불러 업무 보고를 받는다. 뿐만 아니라 과장을 따로 불러 식사를 하면서 팀장 험담을 한 다음에 과장을 격려하고 친근하게 대한다. 대부분 이런 식으로 대화가 이어진다.

"팀장이 힘들게 하면 나에게 말해!"

정상적인 사고를 하는 과장이라면 이럴 때 신중하게 행동하고 말조심을 한다. 그러나 반대로 직장에서 최고의 권력자나 다름없는 직속 상사를 만만하게 혹은 작게 보기 시작하면 문제는 달라진다. 임원이 팀장보다 자신을 더 신뢰한다고 착각한 과장은 임원에게 팀장에 관한 험담을 늘어놓기 시작한다. 그는 실력이 없는 사람이다, 리더십이 없다, 가정생활이 원만하지 않다는 등 없는 일까지 보태 팀장을 폄하하기에 급급하다. 그러나 임원과 팀장의 관계는 팀원들이 이해할 수 없는 또 다른 세계가 존재한다. 시간이 흘러 임원과 팀장이 언제 그랬냐는 듯 좋은 사이로 돌아오면 상황은 완전히 돌변하게 돼 있다. 임원은 팀장에게 "그 친구는 믿을 수 있는 사람이 아니다."라며 과거에 그가 팀장을 험담했던 얘기를 들려줄 공산이 크다. 여기서 임원의 태도가 비겁하다든가 과장과의 신의를 저버린 것은 하등 중요하지 않다.

그리고 혼자
빵! 하고
터져!

에이~!
억울해 하지 마!
그게 원래
정석 코스야!

45

임원 입장에서는 과장의 난처한 상황은 안중에도 없다. 두세 달 후 과장은 스스로 직장을 떠나게 된다. 왜 그랬을까? 임원은 팀장에게 '그런 사람 데리고 일하지 마라.' 라는 확실한 지침을 줬기 때문이다.

직장생활을 하다 보면 음지가 양지되고, 냉탕과 온탕을 오가는 상황이 비일비재하다. 실력이 출중해도 주변의 견제를 받지 않으려면 겸손해야 한다. 일시적인 업적 달성과 상사의 칭찬에 고무돼 자만하게 되면 사자에 의해 장렬하게 전사해야 하는 상황이 반드시 생긴다.

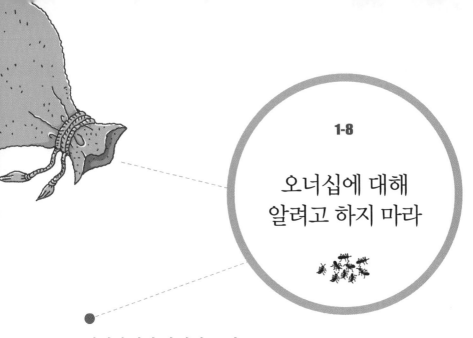

오너십에 대해 알려고 하지 마라

거짓말쟁이 양치기 소년

양떼목장에 양치기 소년이 있었다. 매일 똑같이 양떼를 돌보는 양치기 소년은 심심한 마음에 장난을 치고 싶어졌다. 양치기 소년은 헐레벌떡 마을로 내려가 "늑대가 나타났다!"고 소리쳤다. 놀란 마을 사람들은 삽과 낫, 곡괭이, 도끼 등을 들고 목장으로 올라갔다. 늑대는 없었다. 자신의 거짓말에 마을 사람들이 놀라 뛰어오는 모습에 재미를 붙인 소년은 며칠 후 또 "늑대가 나타났다!"며 마을 사람들을 놀라게 했다. 이번에도 마을 사람들은 각종 농기구들을 들고 목장으로 몰려 갔지만 늑대는 발견할 수 없었다. 화가 난 마을 사람들이 양치기 소년을 추궁하다가 그가 장난으로 이런 소동을 일으켰다는 것을 알고는 마을로 되돌아갔다. 다음날 여느 때와 마찬가지로 양치기 소년은 한가롭게 양떼를 지켜보고 있는데 갑자기 늑대 몇 마리가 나타났다. 깜짝 놀란 양치기 소년은 마을로 내려가 도움을 청했지만 마을 사람들은 아무도 소년의 말을 믿지 않았다. 늑대들은 양들을 물어 죽이고, 몇 마리는 물어가 버렸다.

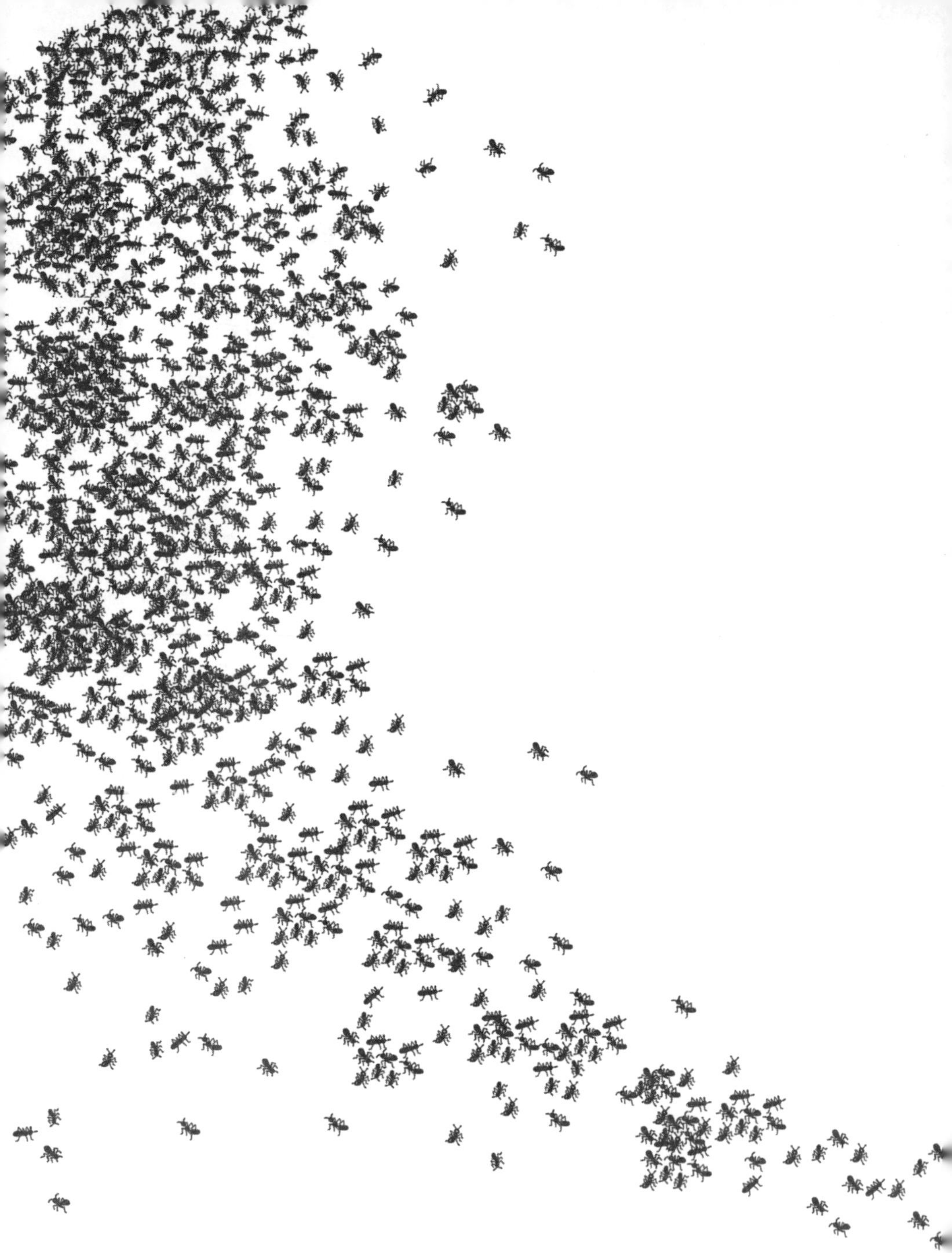

유독 오너십에 관심이 많은 직원이 있다. 회사의 실질적인 소유주는 누구이며 오너와 사장의 관계는 어떻고, 실세는 누구이며, 임원 간의 세력 판도가 어떻게 돌아가는지에 대한 관심이 지나쳐 그가 직장인인지 정치부 기자인지 구분할 수 없을 정도다. 심지어 자신의 조부 성함은 몰라도 오너의 가족관계와 사돈의 팔촌까지 꿰고 있는 건 기본이다. 동료들은 그저 그가 하는 이야기를 재미있게 들어준다. 연말 정기인사 때가 되면 그의 입에서 퇴출 임원 명단과 승진자 명단이 나오고, 인사 내막까지 술술 나온다. 정작 누구나 예상할 수 있는 수준만 예측할 뿐 제대로 맞추지도 못한다.

H 대리는 영리하지만 반골 기질이 있는 사람이다. H 대리의 특기는 군사정권 시절에 '간첩단 사건'이 터지면 간첩단 조직도가 나오는 것처럼 사내 인맥 지도를 잘 그리는 것이다. 누구와 누구는 대립관계고, 누구하고 누구는 협력관계고, 앞으로 K 부장과 P 부장 둘 중 한 사람이 임원이 될 거라는 등 조직에 대한 관심을 넘어 병적으로 집착하는 스타일이다. P 부장이 임원이 되면 자신의 과장 승진은 글렀다고 전망

49

하는 식이다. 동료들도 사내 인맥 그리기에 과도한 열정을 가진 그가 부담스럽다. 그의 전망에 그다지 관심을 보이지도 않고, 자신에게 도움이 되지도 않는 H 대리의 이야기는 아무도 들어주지 않는다. 마치 그가 이야기하는 모습이 〈개그콘서트〉의 한 장면처럼 보이는 건 왜일까?

오너십에 대해 알려고 하지 마라. 오너 입장에서 임원도 직원일 뿐이다. 경영진에서는 당신이 안중에도 없는데 혼자 짝사랑할 필요 없다. 오너십은 제대로 알 수도 없지만 알아봐야 도움 되는 것도 없다. 키 맨이 누구인지 알려고 하지 마라. 키 맨과 당신과의 거리는 멀어도 너무 멀어 의미 없는 궁금증이 된다. 상사의 장래에 대해 알려고 하지 마라. 쓸데없는 관심과 빗나간 예측으로 동료들의 신뢰만 야금야금 깎아먹게 된다. 열심히 살아야 하는 당신, 일과 동료에 집중하라. 무용한 정보를 자꾸 캐다 보면 자신도 모르는 사이에 이상한 행동을 하게 된다.

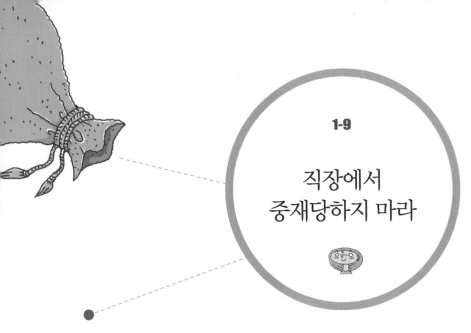

1-9

직장에서
중재당하지 마라

중재자 여우

두 마리의 개가 길 위에서 고깃덩어리를 물고 서로 으르렁거리고 있었다. 이 모습을 본 여우가 다가와서 자초지종을 물었다. 여우는 묘안이 있다며 나뭇가지로 저울을 만들고 고기를 둘로 나눴다. 무게를 재보니 한쪽이 조금 더 무거웠다. 여우는 한쪽을 베어 먹고는 다시 무게를 쟀다. 이번에는 다른 쪽이 조금 무거웠다. 여우가 이번에는 반대쪽을 베어 먹고 다시 무게를 달았다. 개 두 마리는 여우가 무게를 재는 동안 입맛만 다시며 쳐다보고 있었다. 계속 무게를 달며 여우가 고기를 조금씩 고기를 먹고 나니 끝내는 모두 없어지고 말았다. 결국 여우는 고기를 잘 먹었다며 인사하고 길을 떠났다. 두 마리의 개는 허공에 입맛을 다시며 후회했으나 소용이 없었다.

싸움에는 반드시 말리는 사람이 있다. 당신은 직장에서 분쟁이 생겨 중재를 받아본 적 있는가? 그 이후 직장에서 어떤 변화가 생겼나? 서로 싸우는 두 사람은 각자의 입장을 주장하기 때문에 종합적인 판단을 하기 어렵다. 여기서 제3자의 중재가 필요한 이유는 양쪽의 입장을 객관적으로 볼 수 있기 때문이다.

일 잘하는 P 과장과 S 과장이 있었다. P 과장은 영업하는 사람이고, S 과장은 영업을 지원하는 역할을 하고 있다. 평소 두 사람은 업무 협조가 원활하지 않아 불편한 사이다. 항상 급하게 도움을 요구하는 영업 담당자와 프로젝트의 성격을 잘 파악하지 못한 상태에서 영업 부서에서 요구하는 것을 기한에 맞춰 해결해야 하는 영업지원 담당자 사이에는 항상 마찰이 있게 마련이다. 한 번은 P 과장이 프로젝트를 수주해왔으나 S 과장의 업부 지원이 늦어 P 과장은 고객에게 강한 컴플레인을 받았다. 이 일로 인해 P 과장과 S 과장 사이에는 감정적인 알력이 생겨나기 시작했다. 두 사람의 갈등이 지속되자 팀장이 중재자가 돼 업무를 조정했다. 두 사람이 비록 다투긴 했지만 어떻게 일이 처리돼야 하는지 서로 알고 있었고, 앞으로 "그렇게 하자."라고 결정만 하면 문제가 종료되는 상황이었다. 그러나 팀장의 개입으로 문제가 해결된 게 오히려 문제였다. 서로 조정하고 합의만 하면 될 일이 다른 사람에 의해 해결되자 두 사람은 더욱더 서로를 싫어하게 된 것이다. 더불어 팀장은 이번 일을 계기로 P 과장과 S 과장의 업무 추진 과정에서 생긴 문제점을 파악하게 됐다. 그래서 팀장은 P 과장과 문제가 생기면 S 과

53

장을 이용하고, S 과장과 문제가 생기면 P 과장을 이용했다. 그러니 두 사람의 관계는 점점 더 나빠졌고, 두 사람은 동료 관계가 좋지 않은 문제 직원으로 찍혀 팀장에게 관리당하는 신세가 되고 만다.

직장에서 동료와 다투지 마라. 다투게 되더라도 다른 사람의 도움으로 둘의 문제를 해결하지 마라. 다투는 사람과 중재자 중 이익을 보는 사람은 중재자다. 특히 상사나 경쟁자의 중재는 더더욱 받지 마라. 중재자는 두 사람이 다툰 사실과 자신이 중재한 사실을 직장생활 내내 자기에게 유리한 방향으로 활용할 것이다.

1-10
성과로 칭찬받을 때는 상사에게 공(功)을 돌려라

당나귀와 여우의 계산법

사자와 여우, 당나귀 셋이서 사냥을 나갔다. 셋이 열심히 사냥한 먹잇감을 모아놓고 사자가 당나귀에게 먹잇감을 나누라고 명령했다. 고지식한 당나귀는 먹잇감을 정확하게 3등분으로 나눴다. 화가 난 사자는 그 자리에서 당나귀를 잡아먹었다. 다시 사자는 여우에게 먹잇감을 나누라고 명령했다. 여우는 먹잇감을 큰 덩어리와 아주 작은 덩어리로 나눴다. 그러고는 사자에게 큰 덩어리를 가지라고 했다. 사자는 아주 기분이 좋은 목소리로 "어떻게 이렇게 제대로 나누는 법을 배웠니?"라고 말하며 자신의 몫을 여우에게 나눠줬다.

직장에서 업무는 팀 단위로 진행된다. 회사가
큰 이익을 냈을 때 팀 단위 포상과 함께 해당 담당자에게 개별적으로
포상을 한다. 특히 업무에서 큰 성과를 거둬 사장에게 칭찬받을 경우
담당자가 처신하는 방법에 따라 전혀 다른 결과가 나온다.

A 영업팀에서 큰 프로젝트를 수주하게 됐다. 사장은 팀의 성과를 치
하하기 위해 팀장과 담당 과장을 불렀다. 팀장은 "K 과장이 이번 프로
젝트에서 중요한 역할을 했습니다."라고 사장에게 보고했다. 사장이
수고했다고 칭찬하자 K 과장은 "이번 프로젝트는 여러 대기업이 참여
해 경쟁이 심했습니다. 열심히 노력도 했지만 운이 좋았던 것 같습니
다."라며 겸손해했다. 그러나 옆에 있는 팀장은 속으로 '그래! 너 잘났
다.' 라고 중얼거린다.

이번에는 다른 P 과장의 행동을 보자. 사장이 성과를 치하하고 칭찬을 하자 P 과장은 이렇게 말했다. "이번 프로젝트는 여러 대기업이 참여해 경쟁이 심했습니다. 열심히 노력도 했지만 팀장께서 방향을 잘 잡아줘서 결정적인 부분에서 많은 도움을 주었습니다."고 말했다. 그러자 옆에 있던 팀장은 "P 과장의 능력이 뛰어났습니다."라며 공을 P 과장에게 돌렸다.

다 부장님 덕!

상사에게
공을 돌린다고
그 공이 모두
상사에게
가는 것은
아니다
보세요!
결국 사과가
누구 손 위에
있는지!

결국 팀장과 P 과장 모두 크게 칭찬을 받았고, P 과장은 개인 포상뿐 아니라 팀 단위 포상도 함께 받았다. 혹자는 직장에서 생길 수 없는 비현실적인 이야기로 들릴지 모르겠으나 대부분의 조직에서 자주 발생하는 일이다. 팀장은 프로젝트를 결정하고, 제안을 컨펌하는 사람이다. 프로젝트의 대부분은 해당 담당자가 수행하지만 방향을 결정하는 사람은 오로지 팀장이다. 프로젝트 성패에 결정적인 도움을 줄 수도 있고 '가만히 있는 게 도와주는' 것처럼 가만히 있어준 것도 도움은 도움이다.

성과를 칭찬받는다면 상사에게 공(功)을 돌려라. 프로젝트 수행 과정에서 상사의 도움이 있었다면 상사에게 공을 돌리는 것이 마땅하지만 딱히 방해가 되지 않았다 해도 상사에게 공(功)을 돌리는 게 좋다. 대부분의 상사는 공(功)을 상사에게 돌린 부하 직원에게 고마운 마음을 가진다. 심지어 어떤 상사는 겸손한 부하 직원의 행동을 미담처럼 주위 사람들에게 퍼뜨릴지도 모를 일이다.

구조 조정이라는 말은 입 밖에 내지도 마라

당나귀에게 조언했다가 죽은 염소

한 집에서 염소와 당나귀가 함께 살고 있었다. 염소는 하는 일이 별로 없이 빈둥빈둥 놀았지만 당나귀는 열심히 연자방아를 돌리며 일했다. 염소는 평소에 당나귀가 사과나 당근처럼 맛있는 음식을 먹는 게 질투가 났다. 하루는 염소가 당나귀에게 "너는 매일 방아를 돌리고, 무거운 짐을 나르고 있으니 참 불쌍하구나."라며 방아를 돌리다가 갑자기 쓰러지면 주인은 네가 걱정돼 쉬게 해줄 것"이라고 말했다. 당나귀는 염소의 말을 듣고 그 자리에 쓰러져 버둥댔다. 그러다 보니 당나귀 몸에 상처가 나 피가 흐르고 시퍼렇게 멍이 들었다. 깜짝 놀란 주인은 당나귀를 수의사에게 보냈다. 수의사는 당나귀를 살펴보더니 당나귀의 병을 고치려면 염소의 간을 달여 먹이면 나을 수 있다고 했다. 그렇게 해서 조언자 염소는 당나귀의 보약이 됐다.

쓸데없는 조언과 충고가 오히려 자신에게 피해로 되돌아오는 경우가 있다. 상사 때문에 힘들어하는 동료 직원을 위로해준답시고 같이 상사를 험담하다가 이것이 그대로 상사의 귀에 들어가 오히려 상사의 눈에 드러나게 되는 것이 바로 그런 사례에 속한다. 한 조직에서 '구조 조정'을 언급할 수 있는 사람은 아주 소수 인원으로 국한된다. 직책으로는 사장, 일부 본부장급, 업무적으로는 전략 부서, 인사 부서 정도다. 그런데도 많은 직장인들이 어려운 경제 상황이나 회사의 경영 실적 부진을 근거로 들어 "구조 조정이 필요하다."는 얘기를 서슴없이 한다. 어느 부서에 유휴 인력이 있으며, 매출 볼륨에 비해 직원 수가 많다, 의사결정 과정의 다운사이징(결재 라인 축소)이 필요하다, 사람을 줄여야 한다는 얘기를 공공연하게 하는 것이다. 바로 '구조 조정'의 대상이 자신일지도 모르는데 왜 미리 언급하는가? 직장인들에겐 생각만 해도 끔찍한 상황을 아무 생각 없이 언급하고 있는 것이다. 본인이 구조 조정에 아무런 영향력을 미치지도, 권한이 없

자신이
던진 말이
자신에게
돌아올 수도
있다는
것을
왜 모르지?

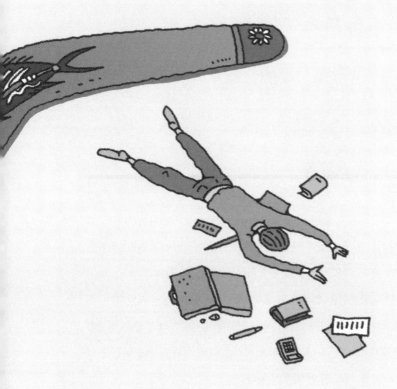

61

다는 것도 알고 있으면서 말이다. 내가 잘리든 동료가 잘리든 구조 조정은 최악의 상황이다. 구조 조정을 할 권한이 없는 사람이 스스로 구조 조정을 해야 한다고 말하는 것은 "날 자르시오!"와 같은 말이다.

직장에서 문제가 있는 곳에 빠지지 않고 이름이 거론되는 사람이 있다. 자신의 일도 아닌데 자꾸 자기를 밀어넣는 사람이다. 이런 사람은 수명이 짧다. 경영진이나 상사가 "당신만 끼면 왜 일이 꼬이지?"라고 한다면 직장생활을 오래할 수 없다. 오지랖이 넓어 탈인 사람이다. 무슨 일에나 끼고 참견해서 떡고물이라도 챙길 생각이라면 좋은 직장인의 자세가 아니다. 자신의 일에서 최선을 다해 성과를 내고 과실을 먹어야지 고작 '떡고물'만 먹으려 하다니.

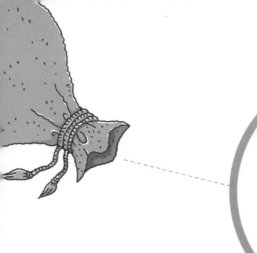

1-12

토요일에 출근하는 상사에게는 특별한 이유가 있다

인간을 존중한다고 자랑하는 곰

곰과 여우가 만나 인간에 대해 이야기를 나눴다. 곰은 어느 동물보다 자신이 인간에 대한 배려가 가장 극진하다며 이렇게 말했다. "나는 사람의 시체를 절대로 건드리지 않아." 이 말을 들은 여우는 곰을 비웃으며 이렇게 말했다. "살아 있는 사람은 잡아먹지 말고, 차라리 죽은 사람을 먹으면 더 좋을 텐데."

직장 동료 중에 누가 봐도 위선과 가식이 습관처럼 굳어진 사람이 있다. 그들은 모든 사건을 자신의 입장에서 볼 뿐 아니라 나아가 그것을 오히려 자랑스럽게 얘기한다. 그들에게 다른 사람의 입장이나 상황은 그다지 중요하지 않다. 자신이 아닌 다른 사람이 부하 직원을 혼내면 그 사람의 성격이 좋지 않다고 판단하고, 자신이 부하 직원에게 화풀이하는 것은 깨우침을 주는 행동이라고 생각한다. 속된 말로 남이 하면 불륜이고, 내가 하면 로맨스라는 식이다. 부하 직원도 성인이며 나름의 가치관과 생각이 정립돼 있으므로 설득하고 이해하면 큰 문제가 없을 것을 일부러 여러 사람 앞에서 큰소리로 꾸짖고 망신을 준다. 강한 자극을 줘야 확실하게 잘못을 깨닫고 다시는 그런 시행착오를 반복하지 않을 것이라는 생각 때문에 인간 본성을 부정하는 말을 서슴없이 한다. 그는 오히려 부하 직원을 꾸짖지 않고 설득하고 이해시키려는 상사는 애정이 없는 상사라고 생각하는 편이다. 행동의 결과와는 상관없이 자신이 하는 모든 행동은 정당한 것으로 간주하는 것이다.

토요일에도 회사에 나와 근무하는 것을 자랑스럽게 생각하는 임원이 있다. 월요일 아침 회의는 반드시 자신이 지난 주말에 회사에 나와 무슨 생각을 했으며, 어떤 책을 봤다는 말로 시작한다. 팀 멤버들의 부족한 열정과 충성심을 탓하는 것이다. 얼마 지나지 않아 차장·부장급도 토요일 격주 근무를 하기에 이른다. 결국 팀 전체 멤버들은 매월 첫 번째 주 토요일은 전원 출근하게 됐다. 그리고 멤버들이 토요일에 출근해서 하는 일이라곤 책상 정리와 인터넷 서핑이 전부다. 임원은 임원회의에서 멤버들이 자발적으로 토요일 근무를 하고 있다고 보고하고 사장의 칭찬도 받는다. 그 임원은 왜 토요 근무를 시작했을까? 임

원은 기러기 아빠다. 사는 집도 세를 놓고 회사 근처 원룸 오피스텔을 임대해 살고 있다. 주말이면 좁은 원룸에서 생활하는 게 여간 불편하지 않다. 회사에 출근하면 에어컨 빵빵하게 틀어주고, 커피나 음료가 지천으로 있고, 인터넷도 마음대로 보고 이렇게 편한 환경이 어디 있겠는가. 한마디로 사무실을 휴양소로 생각하는 것이다. 개인적인 이유로 불필요한 출근을 해서 비용 손실을 내고, 그것도 모자라 불필요한 비용 손실에 직원까지 동참하게 만들어 개인적인 시간까지 빼앗는다. 임원은 직원들의 애사심마저 갉아먹는 해악을 회사에 끼치게 되는 것이다. 그러고도 열심히 일하는 임원이라고 평가를 받으니 안타까운 현실이 따로 없다. 멤버 전원이 임원을 싫어하며 하루라도 빨리 그가 회사를 떠나주길 바란다. 그런데도 임원은 3년 넘게 자리를 보전하고 있다.

자기중심적인 사람은 조롱거리가 되기 십상이다. 사람들은 그의 앞에서는 고개를 끄덕이지만 뒤돌아서면 비난하게 마련이다. 직장에서의 '사람 관리'를 당근과 채찍이라고 비유하는 사람도 마찬가지로 비난받아 마땅하다. 어쨌든 사람을 당나귀로 보는 시각은 어디에서든 환영받을 수 없다.

1-13

위계질서를 뛰어넘어
뭔가를 이루려하지 마라

강물을 먹다 배가 터져 죽은 개들

거의 굶어 죽기 직전인 개들이 강물에 떠내려오는 '동물 가죽'을 발견
했다. 소가 떠내려오는 것으로 착각한 개들이 동물 가죽을 잡으려 애
를 썼지만 도저히 잡을 수가 없었다. 개들은 동물 가죽을 잡으려면 강
물을 모두 마셔야 한다고 생각했다. 그래서 강물을 마시기 시작한 개
들은 동물 가죽에 채 닿기도 전에 배가 터져 죽었다.

조직의 보스 같은 회장이 있는 어느 대그룹에서 있
었던 일이다. 그룹회장이 해외 순방을 마치고 전체 임원회의를 시내
호텔에서 개최했다. 그날 따라 비가 부슬부슬 내렸다. 호텔 정문 앞에
는 그룹 사장단과 임원들이 도열해 있었다. 순서는 부회장, 사장단, 부
사장 그룹, 전무 그룹, 상무 그룹들이 서열 순으로 서 있었다. 회장이
차에서 내리고 비서가 우산을 받쳤지만 그 다음은 도열해 있는 임원
중 누군가가 우산을 받쳐 들고 회장에게 가서 호텔 현관까지 수행해야
한다. 이때 재미있는 현상이 아주 짧은 시간에 펼쳐진다. 흔히 군대에
서 옆으로 번호를 부르는 상황을 상상하면 이해하기 쉬울 것이다. 부
회장이 옆에 서 있는 사장을 쳐다본다. 사장은 또 옆에 서 있는 또 다
른 사장을 쳐다보고, 그 사장은 또 옆에 있는 부사장을 쳐다보고, 그
부사장은 옆에 있는 전무를 쳐다보는 일련의 과정들이 전광석화처럼

진행된 것이다. 그런 와중에 갑자기 뒤쪽에 서 있던 상무 한 사람이 서둘러 달려가 회장에게 우산을 받쳐주었다. 순간 부회장을 포함한 사장, 부사장, 전무들이 황당한 표정을 짓는다. 물론 회장이 알아차리지 못할 정도로 아주 짧은 순간에 황당한 사건이 발생했다. 옆으로 번호를 순차적으로 부르다 상무 한 사람이 갑자기 번호를 훌쩍 뛰어넘은 상황이 된 것이다. 모두 속으로 '저 친구 뭐야!' 라고 외친다. 이후 임원들뿐 아니라 부하 직원에 이르기까지 '우산을 들고 뛰쳐나간 임원'에 대한 갖가지 얘기가 나온다. '옛날부터 잘 나서던 친구' '과장 때도 오버하다가 승진에서 누락된 사람' '삼수했다더니 완전 돌쇠로군' 등의 뒷담화가 오고간다. 회사 직원치고 이 사건을 모르는 사람이 없게 되고, 회식 때가 되면 주 메뉴로 도마 위에 오르게 된다. 사내에서도 상무가 지나가면 뒤에서 수군거리기 일쑤다. 그 상무는 버틸 대로 버티

진나라왕
무공은
산속에 숨어사는
옛신하
개자추를
나오게
하려고 산불을
지르지만
결국
개자추는
불길에 휩싸여
죽고 말지요

쯧!
그것도
방법이라고…

다 1년 후 스스로 옷을 벗게 된다. 직장에서 위계질서를 뛰어넘는다는 것은 대단한 위험을 감수하는 것이다. 검찰에서는 아래 기수에서 총장이 나오면 그 총장의 윗 기수는 무조건 옷을 벗는다. 회사는 위계질서에 있어서만큼은 그 어떤 조직보다 확실한 기준이 있다.

목표 달성을 위해 위험을 감수해야 할 일이 많다. 많은 경우, 목표를 이루기 전에 실패하는 경우가 많다. 특히 모두 불가능하다고 생각하는 일을 목표로 설정하는 것은 그만큼 위험을 감수해야 하는 경우가 많다. 그래서 목표 달성을 위해서는 목적, 전략, 프로세스, 기간 등을 체계적으로 기획해야 한다. 목표는 분명하지만 절차를 제대로 세우지 않으면 이솝 이야기에 나오는 개들처럼 물을 몽땅 들이마셔야 하는 일이 생길 수 있다. 게다가 자신이 보기에는 상당히 좋은 목표라고 생각했으나 목표를 완성하고 보니 별로 도움이 되지 않는 것들도 수두룩하다.

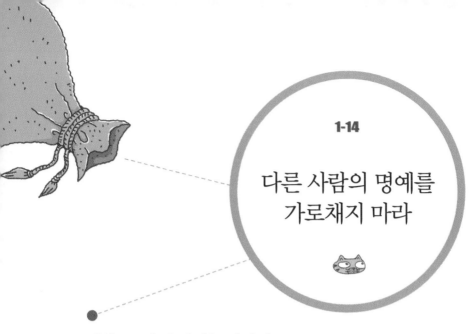

1-14

다른 사람의 명예를
가로채지 마라

신상(神像)을 운반하는 당나귀

어느 당나귀가 유명한 신의 조각상을 운반하고 있었다. 한적한 숲과 들판을 지나 마을 사람들이 많이 모여 있는 곳을 지나게 됐다. 마을 사람들은 당나귀가 지고 가는 성스러운 조각상을 보자마자 무릎을 꿇고 엎드려 절을 했다. 당나귀는 사람들이 자신을 존경해서 절을 한다고 생각하고는 갑자기 걸음을 멈추고, 머리를 꼿꼿이 든 채로 거드름을 피웠다. 이를 보다 못한 마부는 채찍으로 당나귀의 등짝을 후려치며 말했다. "이런 멍청한 당나귀! 사람들이 너에게 절을 하는 게 아니라 네 등에 짊어진 신의 조각상에게 절을 하는 거야."

부하 직원들이 가장 싫어하는 상사의 유형은 자신의 성과를 가로채는 상사라는 조사결과가 있다. K 팀장은 일주일에 한 번씩 팀원들과 아이디어 회의를 한다. 팀원들은 적극적으로 의견을 개진하고 건설적인 방안을 고민한 다음, 회의에 참석한다. 그러나 아이디어 회의에서 나오는 좋은 아이디어를 K 팀장은 자신의 아이디어인 것처럼 정리해서 임원에게 보고하는 게 아닌가. 그리고 해당 아이디어를 실행해야 할 상황이 되면 아이디어를 낸 직원에게 그 일을 할 것을 지시한다. 심지어 회의에서 나온 아이디어를 자신이 생각해 낸 창의적인 아이디어라며 팀원들에게 의견을 묻는 일도 있다. 그래서 팀원들은 아이디어 회의를 싫어하게 되고, 좋은 아이디어를 내도 성과는 팀장이 독식하기 때문에 아이디어 회의에서 팀원들은 더 이상 아무 말도 하지 않는 상황이 된다. 한번은 이런 일도 있었다. 회사에서 전 직원을 대상으로 '사업 아이디어 제안 공모전'을 실시했는데 K 팀장은 이 공모전에도 팀 아이디어 회의에서 나온 제안을 제출했다. 문제는 그 아이디어를 낸 팀원도 같은 내용의 사업 아이디어를 제안한 것이다. 당연히 팀원이 제출한 아이디어가 채택됐고, K 팀장은 공개적으로 망신을 당했다. 이후 임원은 K 팀장이 기획안이라도 제출하면 "당신 의견이 맞나요?"라고 물었다.

최근 들어 저작권에 대한 사회적 관심이 높다. 요즘 회사마다 온라인 교육을 많이 실시하는데 이럴 때마다 그림이나 사진을 많이 활용해 온라인 교육 콘텐츠를 만든다. 얼마 전 디지털 콘텐츠를 판매하는 업체에서 온라인 교육 콘텐츠 개발 업체를 상대로 손해배상을 청구했다. 온라인 교육 과정에서는 수백 장의 사진과 그림이 들어가는데 사진 한 장당 600만 원의 콘텐츠 무단사용 손해배상 청구가 들어온 것이

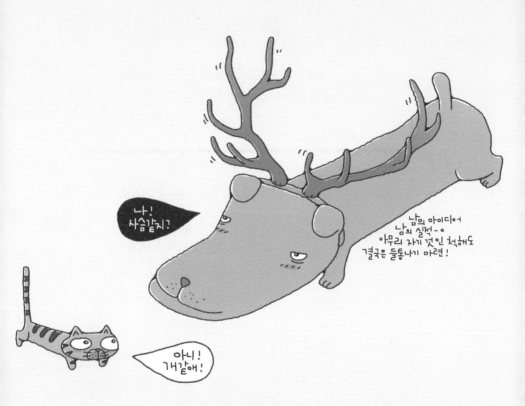

73

다. 아무 생각 없이 콘텐츠를 무단 사용한 여러 업체들이 도산할 수밖에 없는 사태가 일어나고 말았다.

물건을 훔치는 것만이 도둑질이 아니다. 시대가 변하면 가치도 달라지듯이 남의 지식을 자신의 것인 양 하는 것도 엄연히 절도에 속한다. 농업 노동 시대에는 남이 기른 곡식을 훔치는 것이 가장 큰 도둑질이었다. 공장 노동 시대에는 남이 생산한 것을 가로채는 것은 엄하게 다스려야 할 도둑질로 보았다. 서비스 노동 시대에는 남의 서비스와 친절을 가로채는 것이 도둑질이다. 공장 노동 시대와 서비스 노동 시대에서는 노동 현장에서 물건을 훔쳐내기가 쉽지 않다. 그러나 지식 노동 시대에서는 다른 사람의 아이디어와 창의력을 훔치는 것이 농업 노동 시대의 '곡식 훔치기' 처럼 간단하고 쉽다. 하지만 죄질은 훨씬 더 나쁘다. 직장에는 보는 눈이 많다. 듣는 귀는 더 많다. 다른 사람이 한 일을 자신이 한 것 마냥 처신하는 사람은 마부에게 등짝을 얻어맞은 당나귀 꼴이 될 수 있음을 명심해야 한다.

1-15

단기성과에 집착하는 간부는 필요악(필요없는 악)이다

황금알을 낳는 거위

어떤 남자에게 황금알을 낳는 거위가 있었다. 그 거위는 한 달에 한 개씩 황금알을 낳았다. 황금알 덕분에 부자가 됐지만 욕심이 생긴 남자는 거위의 배를 가르면 더 많은 황금알을 얻을 수 있을 것이라고 생각해 황금알을 낳는 거위의 배를 갈랐다. 거위의 뱃속은 보통의 거위와 똑같은 내장밖에 없었다. 남자는 더는 황금알을 얻을 수 없었다. 거위가 죽어버렸기 때문이다.

단기성과에 목을 메는 사람이 있다. 이런 사람은 회사를 망치는 사람이다. 직원이 단기성과에 목을 메면 제일 먼저 고객이 떠나가고, 간부가 단기성과에 목을 메면 직원이 떠나가고, 고객도 떠나가고, 회사는 더 빨리 망하게 된다. 당신의 팀장과 임원은 단기성과에만 집착하는 스타일은 아닌가? 이런 사람의 특징은 모든 관심이 자신의 생존에 집중돼 있다. 그리고 실적 관리 주기도 매우 짧다. 매일 실적 체크를 하고, 매주 실적 관리를 하고, 매월 실적을 놓고 팀원들을 다그친다. 사장 앞에서는 고객의 입장을 먼저 고려하면서 얘기하지만 정작 팀원 앞에서는 고객을 존중하지 않는다. 고객 서비스를 강화해야 한다는 의견을 내놓는 팀원에게 "회사 돈을 낭비한다."며 "당신 회사라면 그렇게 하겠느냐?"면서 오히려 면박을 주기 일쑤다. 비용 절감을 한다면서 협력 회사로 나가는 비용도 무조건 줄이라고 한다. 협력 업체에게 동일한 조건의 서비스와 용역을 받으면서 비용은 무조건 20%를 줄이라는 것이다. 그리고 이를 수용하지 않는 업체는 정리하라고 지시한다. 힘없는 업체는 울며 겨자 먹기로 이 제안을 수용할 수밖에 없다. 그 와중에도 능력 있는 업체는 담당자에게 "다시는 얼굴 보는 일 없도록 합시다."라며 떠나기도 한다. 직원이 규정에 따라 사용하는 접대비, 교통비, 회식비도 사용하지 못하게 한다. 고객을 만나 점심 식사도 한 번 못하게 만드는 것이다. 그래서 팀원들은 고객이 "점심 때 식사나 합시다."라는 말도 부담스럽게 여겨진다. 그래서 가급적이면 고객과 만나는 시간을 점심시간과 멀리 떨어진 시간으로 정한다. 회식비도 마찬가지다. 이런 사람은 "만날 회식을 하냐?"며 "술 마실 시간에 일에 더 힘쓰라."고 한다. 심한 경우 출장비를 결재해주지 않아 팀원이 개인 비용으로 출장 가는 일도 있다. 이렇게 줄이면 회사에서 지출해야 할 경비가 대부분 없어진다. 부서마다 사용하는 경비 통계를 내보니 다른 부서에 비해 이 팀장이 이끄는 부서는 거의 경비를 사용하지 않은 것으로 나온다. 사장은 당장 눈에 보이는 경비 절감 실적 때문에 해당 팀장을 칭찬할지도 모른다. 이럴 때 유능한 멤버는 조직에 환멸을 느끼게 된다. 능력 있는 직원이 하루하루 시간을 때우면서 일을 하고, 사기는 땅에 떨어지고, 애사심은 더 이상 발붙일 곳이 없다. 과연 이 팀장은 칭찬받을 일을 하고 있는 걸까?

단기성과가 유일한 목표인 팀장이나 임원과 일하는 사장은 불쌍하다. 2~3년 정도 회사를 경영하고 그만둘 계획이라면 모를까 '백년 기업' 을 만들겠다는 꿈을 가진 사장이라면 이런 사람을 색출해 잘라버려라. 이런 사람을 간부로 데리고 있으면 그 회사는 오래갈 수 없다.

1-16

나는 세상에서 제일 귀한 사람이므로 존중받아야 한다

이슬을 먹다 굶어 죽은 당나귀

여치의 울음소리에 흠뻑 빠진 당나귀가 여치에게 물었다. "너는 어떤 음식을 먹기에 그렇게 매력적인 목소리를 가지게 됐니?" 여치는 "이슬!"이라고 짧게 대답했다. 여치의 울음소리를 가지고 싶었던 당나귀는 앞으로 이슬만 먹고 살겠다고 다짐했다. 결국 이슬만 핥아먹던 당나귀는 며칠 후 굶어 죽고 말았다.

자신에게 충실하지 못한 사람은 불행을 자초
할 수 있다. 특히 자신의 특성과 장단점을 보지 못하고, 남의 좋은 점
만 보는 사람은 자신의 인생에 만족하기 힘들다. 직장에서 다른 사람
의 좋은 점과 장점을 관심 있게 보고 이를 배우기 위해 노력하는 것은
좋다. 그러나 벤치마킹한 결과를 자신에게 적용할 때는 그 사람과 나
의 차이를 발견하는 것이 중요하다. 차이를 알면 내가 잘하는 것과 다
른 사람이 잘하는 것을 구분할 수 있다. 조직에는 리더십이 있고 주도
하는 능력이 뛰어난 '주도형'의 사람이 있다. 주변 사람에게 친근하게
다가서고 얘기도 잘하고 저녁에 술자리도 자주 갖는 '사교형' 사람도
있다. 무리하지 않고 자신의 일을 분명하게 처리하면서 욕심 부리지
않고 현재 상황에 만족하고 상사에게 모든 것을 맞춰가는 '안정형'의
사람도 있다. 매사에 철저하고 꼼꼼하게 일을 처리해서 믿고 일을 맡
겨도 좋은 '신중형'의 사람도 있다. 영업의 달인, 협상의 달인, 프레젠

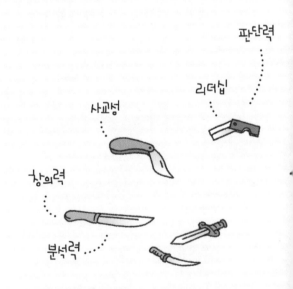

테이션의 달인, 기획서 작성의 달인 등 어느 분야에서든 최고 실력을 발휘하는 사람이 있다. 기획력, 창의력, 분석력, 판단력, 친화력이 매우 뛰어난 사람도 있다. 일 잘하는 사람과 나를 비교하면 나에게 부족한 게 많이 보인다. 남들이 잘하는 것을 보고 칭찬할 시간에 내가 잘하는 게 무엇인지, 나는 어떤 부분에 강점이 있는지 많은 시간을 할애해서 살펴보자. 분명히 자신이 잘하는 게 있는데도 좀 더 잘하는 사람의 능력에 눌리고, 상사의 질책과 비웃음에 밀려 자신감을 잃고 있는 것은 아닌지 재고해보란 말이다. 심지어 어떤 직장인은 책상에 거울을 놓아두고 책상에 앉을 때마다 거울을 보며 자신 있는 표정을 짓는다. 거울에는 빨간 글씨로 '사과 같은 내 얼굴'이라고 쓰여 있다. 마흔 줄에 있는 사람이 항상 거울을 보며 자신을 예뻐하고 귀하게 여기는 것은 모자란 사람이 아니라 행복한 사람이다. 얼마 전 TV 프로그램 〈황금어장—무릎팍 도사〉에 〈영혼을 위한 승부〉의 저자이자 대학생이 가

장 존경하는 CEO로 선정된 안철수 교수가 출연했다. 그가 한 말 중 가장 인상적인 말은 "자기 마음을 기쁘게 해주세요. 자기가 정말 하고 싶은 것을 하는 것이 자기를 기쁘게 해주는 겁니다. 자기가 좋아하는 일을 하는 것에 부담을 느끼지 마세요. 자기를 행복하게 해주세요." 이것이 자신의 성공 비결이라고 말했다.

많은 직장인이 다른 사람을 배우기 위해 열심히 노력한다. 자신을 존중하고 사랑하지 않으면서 다른 사람을 배우기 위해 노력한다면 허공을 향해 헛발질을 하는 셈이다. 직장인 중에는 이렇게 헛발질을 하는 사람이 많다. 항상 자신이 부족하고 더 배워야 한다고 생각한다. 노력하면 할수록 자신의 존재감만 뚝뚝 떨어지는 것이다. 자신을 귀하게 여기지 않는 사람은 남을 귀하게 여기고 존중하기 어렵다. 이제부터는 미안하다는 말보다 '유감' 이라고 표현하자. 동료들에게 '양해해달라.'고 말하라. 품위 있고 격조 있게 행동하고 말하도록 노력하라.

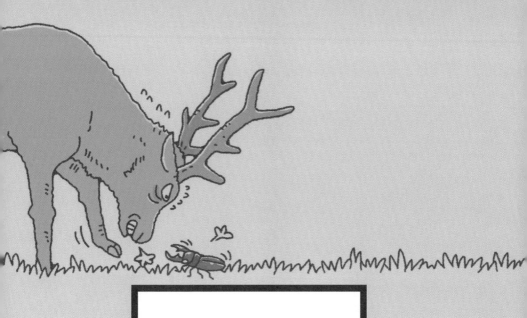

2장.
먼저 기회를 잡을 수 있는
'사람 읽는 기술'

Aesop's
Fables

어려운 상대는 직접 부딪치지 말고 원군을 찾아라

개와 수탉과 여우

친한 친구 사이인 개와 수탉이 여행을 가다가 밤이 늦어 잠을 자고 가기로 했다. 수탉은 나무 위로 올라가고, 개는 나무 아래 움푹 패인 곳에서 잠을 잤다. 새벽이 되자 수탉은 평소처럼 "꼬끼오, 꼬끼오!" 새벽을 알리며 울었다. 나무 근처에서 수탉의 울음소리를 들은 여우는 나무 아래로 와서 수탉에게 "울음소리가 너무 멋있다."며 "가까이에서 들어보고 싶으니 내려오면 안 되겠느냐?"고 물었다. 여우의 수작을 알아차린 수탉은 "내가 내려가려면 밑에 있는 문지기한테 문을 열어달라고 해야 한다."고 말했다. 이 말을 믿은 여우는 자는 개를 깨웠고, 여우를 본 개는 그 자리에서 여우를 물어 죽였다.

불독에게
부탁하면
가능해!

빌릴 수 있는
남의 능력도
또 다른
당신의 힘!

K 부장이 협력업체에 프로젝트를 발주했는데 협력업체가 문제를 계속 일으켰다. 급기야 업체는 납품 일정을 계속 지연하더니 더 이상 프로젝트를 할 수 없다며 계약을 중도해지하자고 했다. 더구나 현재까지 진행된 결과물에 대해서는 비용을 반영해주어야 하며, 그렇지 않으면 결과물을 주지 않겠다고 협박을 하는 게 아닌가. K 부장은 학식도 많고 인품도 좋은 사람인데 비즈니스 경험이 거의 없는 사람이라 당황할 수밖에 없었다. K 부장은 C 차장에게 도움을 청하기로 했다. C 차장은 구매 업무를 했던 사람으로 협력업체를 다루는 데 능숙한 사람이다. C 차장은 협력업체 담당자를 만나 논리적인 대응으로 무례한 담당자를 꺾었다. 이후 K 부장은 어려운 문제를 C 차장의 도움으로 해결했다.

L 대리는 새로 온 팀장과 관계가 꼬였다. 특별한 이유도 없이 팀장은 L 대리를 마음에 들어 하지 않았다. 한 번은 L 대리의 잘못도 아닌 일인데 팀장에게 심한 질책을 받았다. 새로운 팀장에게 인정받고 기대감을 주면서 시작해도 될까 말까 한데 불신을 받고 있다는 게 여간 힘든 게 아니다. L 대리로서는 답답한 상황이 계속됐지만 팀장과 나이 차이도 많고 처음으로 같이 일하는 사이라 면담을 요청하기에도 부담이 많았다. L 대리는 전임 팀장과는 관계가 아주 좋았다. 원래 그는 성격도 좋고 상사를 잘 따르고 대인관계가 좋은 사람이었다. L 대리는 전임 팀장에게 이 문제를 상의하고 도움을 받기로 했다. 역시 얘기가

잘 됐고 새 팀장이 L 대리에 대해 잘못된 정보로 인해 그가 오해하고 있었다는 것을 알게 됐다. L 대리의 어려움은 전임 팀장의 도움으로 쉽게 해결할 수 있었다.

어려운 일은 반드시 스스로 해결해야 하는 것은 아니다. 직장에는 상사, 동료, 부하 직원이 있다. 그리고 직급에 따라 대리, 과장, 차장, 부장, 임원이 있다. 각자 경험이 다르고 해결할 수 있는 일의 성격도 다르다. 문제가 발생했을 때 가장 잘 도와줄 수 있는 사람을 찾아라. 물론 대부분의 일은 스스로 해결해야 하지만 일에 따라서는 다른 사람의 도움으로 쉽게 해결될 수도 있다. 직장에서는 인적 네트워크를 효과적으로 활용하라. 문제는 딱 한 가지가 있다. 어려운 일이 닥쳤을 때 도움을 줄 수 있는 사람 한 명 없이 일만 해오고 있지는 않은지 생각해볼 필요가 있다.

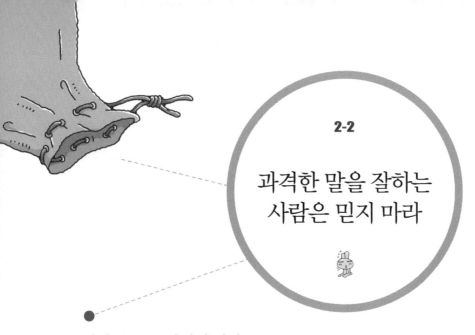

과격한 말을 잘하는
사람은 믿지 마라

사자를 쫓는 겁쟁이 사냥꾼

사자의 발자국을 쫓아다니는 사냥꾼이 있었다. 멋지게 차려입은 옷차림에 근사한 활을 든 사냥꾼은 숲속에서 나무꾼을 만났다. 사냥꾼은 나무꾼에게 "여기서 사자의 발자국을 보지 못했느냐?"고 물었다. 그러자 나무꾼은 멋진 옷차림의 사냥꾼에게 "사자들이 사는 동굴을 알기는 하지만 여기서는 찾기 어려우니 직접 사자동굴 근처까지 안내해 주겠소."라고 말하는 게 아닌가. 나무꾼의 말을 들은 사냥꾼은 얼굴이 사색이 되어 숲 바깥쪽으로 도망을 치며 말했다. "나는 사자의 발자국을 찾는 거지 사자를 잡을 생각은 전혀 없단 말이오!"

직장에서는 말만 요란한 사람이 있다. 특히 조직이나 상사의 부당한 조치에 대해 격렬하게 반응하는 사람이 그렇다. 일견 평범한 조직생활에서 과격한 성향의 사람은 용감해보이기도 한다. "나라면 가만히 있지 않을 거다." "그런 일을 당하고도 가만히 있느냐?"며 사람을 자극하는 사람이 있다. 그런데 이런 스타일의 사람은 정작 자신에게 부당한 일이 생기면 오히려 아무 소리도 못하고 얌전한 어린 양처럼 부당함을 당하는 편이다. 사단은 이런 사람에게 자극을 받아 어떤 행동을 취하다가 엄한 사람이 피해를 보는 경우에서 일어난다.

특히 중소기업은 오너가 자의적으로 회사를 운영하는 곳이 많다. 혹독하게 직원을 부리거나 성과는 나누지 않는 곳도 종종 있다. 대기업에서 대리로 근무하다가 회사를 차린 E 사장이 있었다. 그는 말끝마다 대기업 출신이라는 것을 강조하며 자신의 직원들을 무시하기 일쑤였다. 그러다가 새롭게 영업과장이 입사하면서 상황은 달라지기 시작했다. 영업과장은 직장생활 10년에 공식적으로 회사를 일곱 번이나 옮긴 사람이다. E 사장이 직원들을 무시하는 건 어제오늘의 일이 아니었으나 영업과장이 입사하면서 사장에 대한 문제 제기가 훨씬 더 많이 늘어난 것이다. "내가 여러 회사를 다녀봐서 아는데 우리 E 사장은 비전이 없는 사람이다. 가만히 있으면 당하기만 한다. 중소기업은 직원들이 똘똘 뭉치면 사장도 꼼짝 못한다." 영업과장의 이런 선동적인 발언에 직원들은 사장에 대한 미움을 점점 키워갔다. 급기야 업무 시간에 직원들이 모여 집단행동을 하기로 결의했다. E 사장은 직원들의 집단행동에 협상은 고사하고 바로 회사 문을 닫아버렸다. 영업과장은 직장생활 11년 만에 회사를 또 옮겨야 했다. E 사장의 태도에 문제가

친구따라 강남가다 영원히 못 돌아올 수도 있다 ····· 당신만!

있는 건 사실이지만 직원들은 회사가 문을 닫기를 원한 건 아니었다. 대부분의 직원들이 직장을 잃고 오랜 시간 고통스러운 시간을 보내야 했다.

말만 앞서고 과격한 사람은 '위험한 사람'이다. 조직에서 과격한 발언을 서슴지 않는 사람은 그만한 이유가 있다. 곧 회사를 옮길 생각이거나, 직장에 별로 의미를 두지 않는 사람이거나, 회사가 어떻게 되건 본인과는 전혀 상관없는 사람이다. 언뜻 그가 하는 과격한 말은 '있어' 보인다. 대리 만족이라고 할까. 문제는 위험한 사람의 선동에 휘둘려 준비도 안 된 상태에서 집단행동을 하면 결과적으로 순진한 사람만 다친다는 것이다. 원망할 상대도 없고 후회해도 소용없다.

2-3

신입사원은 무조건 잘해줘라.
직장생활이 편안해진다

번데기를 놀린 개미

화창한 봄날, 여느 때와 다름없이 먹이를 찾아 분주히 돌아다니던 개미 한 마리가 길거리에서 번데기를 만났다. 개미와 번데기는 서로 처음 만났다. 꾸물꾸물 몸을 움직이지만 제자리에서 꼼짝도 할 수 없는 번데기를 보며 개미는 매우 안됐다는 듯이 말했다. "이런, 불쌍한 운명을 타고난 동물이잖아. 나는 다니고 싶은 곳에 맘대로 다니고, 심지어 나무 꼭대기까지 올라갈 수 있는데. 쯧쯧." 번데기는 개미가 하는 말을 잠자코 듣기만 했다. 며칠 후, 개미는 번데기를 만난 곳을 다시 지나가게 됐고, 그 자리에 번데기의 빈껍데기만 놓여 있는 것을 알게 됐다. 그때 갑자기 개미의 머리 위에 그늘이 지더니 멋진 날개를 펼친 나비가 개미에게 말을 걸어왔다. "이보게, 개미 친구. 지난번처럼 자랑 좀 해보시지." 나비는 멋진 날개를 펄럭이며 하늘 높이 날아올라 개미의 눈에서 사라져버렸다.

프로 세일즈맨과 평범한 세일즈맨의 차이는
신입사원을 대하는 태도를 보면 금방 알 수 있다. 세일즈맨은 될 수 있
으면 의사결정 권한이 있는 높은 직급을 상대하길 원한다. 적은 역량
을 투입해 쉽게 성과를 거두려면 의사결정자를 상대하는 것이 현명하
다는 것을 알기 때문이다. 그러나 단기적으로는 맞는 얘기지만 장기
적인 관점에서는 생각해봐야 할 문제다. 평범한 세일즈맨은 고객 회
사에 방문하게 되면 여러 명의 담당자와 인사를 한다. 신입사원−사
원−대리−과장−차장−부장−임원이 모두 있는 고객사 사무실에 방문
하면 십중팔구 임원에게 먼저 인사하고 부장−차장−과장 순으로 인사
를 한다. 그러나 인사성이 밝은 고객사 신입사원이 인사를 했는데도
이를 모르고 지나치기도 한다. 그러다 보통 6개월 정도 지나면 신입사
원이 그 평범한 세일즈맨의 '고객'이 된다. 그러면 인사를 받지 않는
것은 고사하고 그 신입사원에게 꼬박꼬박 존댓말을 해야 하며, 정말
어려운 상대가 돼버린다. 홍길동 씨는커녕 홍길동 님으로 호칭해야
할 상황노 생긴다. 그러나 프로 세일즈맨이라면 신입사원을 관리하는
게 얼마나 중요한지 직감적으로 알아차린다. 그는 일부러 시간을 내
서 그 신입사원에게 일하는 방법도 알려주고, 애로도 들어주고, 직장

생활에 대한 조언도 아끼지 않는다. 그렇게 하면 신입사원은 그를 거래처 담당자이자 사회 선배로 깍듯이 존중한다. 그리고 그 신입사원이 담당자가 되면 프로 세일즈맨을 어떻게 대하게 될까? 갑자기 안면을 확 바꿔 '갑' 역할을 하기가 쉽지 않다.

타 부서에 있는 신입사원이라도 특별히 애정을 가지고 대하면 득이되면 됐지 실이 될 일은 없다. 조직생활로 바짝 긴장한 신입사원에게타 부서나 거래처 선배가 해주는 조언은 잊을 수 없는 감동이 된다. 기회를 만들어 포장마차에서 소주 한잔하면서 이야기해주는 것도 나쁘지 않다. 신입사원은 사회 선배에게 각별한 애정을 느끼게 되고, 그가조직에서 함께 생활하는 내내 영원한 선배로 자리 잡게 된다. 여기에

소위 '싹수'가 있어 보이는 신입사원이라면 좀 더 각별히 대해주면 더할 나위 없이 좋다. 영원한 후배이자 원군을 얻는 것이다. 직장에서 만나는 사람의 현재 모습만 보고 섣부르게 판단하거나 선입견을 가지게 되면 반드시 후회할 일이 생긴다.

신입사원은 무조건 잘해줘라. 직장생활에서 만나는 사람과의 관계는 한두 해의 짧은 기간이 아니라 10년, 20년 동안 긴 관계를 형성하게 된다. 자기보다 직급이 낮다는 이유로 소홀하게 대하거나 무시한다면 참으로 아둔하게 처신하는 것이다. 비록 그 사람의 현재 모습은 번데기에 불과하지만 길고 긴 직장생활을 두고 볼 때 누가 나비가 되고, 송충이가 될지는 아무도 모를 일이다. 인생은 반전과 반전의 연속이다.

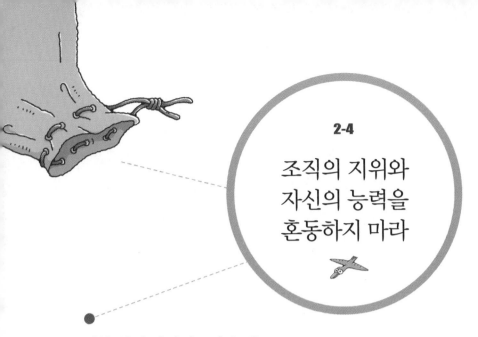

2-4
조직의 지위와
자신의 능력을
혼동하지 마라

지붕 위의 아기염소와 늑대

어느 날 아기염소가 우연히 담과 난간을 타고 지붕 위로 올라가게 됐다. 갑자기 새로운 세상을 만난 아기염소는 먼발치를 바라보다가 마침 아래를 지나가는 늑대를 발견했다. 평소 무서움에 떨었던 늑대를 보자마자 갑자기 의기양양해진 아기염소는 늑대를 내려다보며 놀리기 시작했다. "이봐! 늑대! 나 잡아봐라." 갑자기 아기염소의 야유를 받은 늑대는 어이가 없다는 듯 헛웃음을 지으며 말했다. "어이, 아가야! 나를 놀리고 욕할 수 있는 건 네가 아니라 네가 서 있는 그 자리 때문이란 걸 잊지 마."

직장인 중에 협력업체나 부하 직원에게 유난히 강압적으로 대하는 사람이 있다. 이런 사람을 대할 때는 다들 속으로 '네가 그 자리에 천년만년 있을 줄 알아?'라고 생각한다. 일을 꼼꼼하고 책임감 있게 하는 것과 부하 직원이나 협력업체에 강압적으로 대하는 것은 전혀 차원이 다르다. 이런 사람이 가장 착각하기 쉬운 것이 있다. 부하 직원이 자신에게 복종하고, 협력업체가 납작 엎드리는 것은 자신이 가진 지위 때문이지 결코 그 사람 자체 때문은 아니라는 점이다. 이런 유형의 사람이 퇴직하면 연락하는 부하 직원도 없을뿐더러 도움을 청할 수 있는 협력업체 관계자들도 없게 마련이다. 바로 '지붕 위에 있는 아기염소'가 된 것이다. 최악의 사례는 '갑'일 때는 말도 안 되는 요구로 협력업체를 힘들게 했던 사람이 갑자기 협력업체에 찾아와 "회사를 나왔는데(대부분이 해고됨) 자리 없느냐?"며 묻는 사람이다. 이때는 동정심은 고사하고 본인에게는 들리지 않는 욕만 잔뜩 먹게 되는 게 당연지사다. 주위를 둘러보면 생각보다 이런 유형의 사람들이 꽤 있다.

잊지 마셔!
넌!
비행기가
없으면
단 1m도
못 올라가!

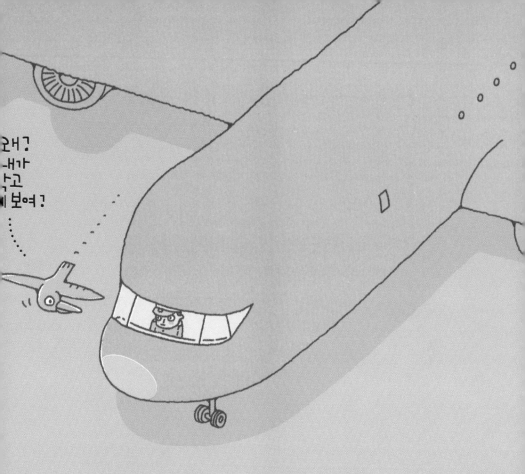

또 다른 우스갯소리가 있다. 대기업에서 임원으로 있던 사람이 퇴직하고 나서 사업하는 사람 중에는 딱 두 가지 스타일만 있다. 성공했거나 성공할 가능성이 큰 사람과 실패했거나 실패할 가능성이 매우 큰 사람이다. 대기업 임원을 하다가 퇴직한 U 임원은 비즈니스 모델도 제대로 만들지 않고 일단 회사부터 차렸다. 대기업 임원 시절에는 개인 비서까지 두고 일하던 습관 때문인지 대기업 사장실 같은 사장실에 비서와 기사까지 두고 직원도 필요 이상으로 많이 뽑는다. 직원들 앞에서 자신의 대기업 시절 활약 이야기를 되풀이하면서 사기를 떨어뜨린다. 이런 사람이 만든 회사는 1년도 필요 없다. 딱 6개월이면 바닥이 드러난다. 반면 W 임원은 예순의 나이에도 고객을 만나면 항상 깍듯이 처신하는 편이다. 전무 출신이지만 어린 여직원에게도 절대로 하대하지 않으며, 갓 서른을 넘긴 대리에게도 항상 "대리님!"이라 부르며 예의를 갖춰 대한다. 바로 직원들이 도와주고 싶은 마음이 일 정도로 존경을 받는 사장이다. 이런 사람은 성공했거나 성공할 가능성이 매우 높은 CEO다.

직장인은 조직이 주는 지위를 잘 활용해야 한다. 항상 잊지 말아야 할 것은 조직에서의 지위가 곧 나의 능력은 아니라는 것이다. 좋은 위치에 있을 때 더 겸손하고 많이 베풀면 어려운 상황이 닥쳐도 많은 사람이 나를 도와주게 된다. 설마 이를 좋은 위치에 있을 때 회사에 손실을 끼치면서 협력업체를 밀어주는 비리를 저지르라고 생각하는 사람은 없으리라 믿어 의심치 않는다.

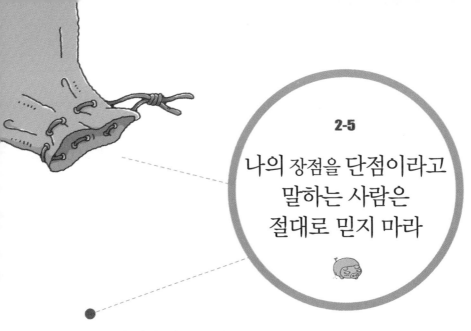

2-5

나의 장점을 단점이라고 말하는 사람은 절대로 믿지 마라

농부의 딸을 사랑한 사자

사자가 농부의 딸을 사랑하게 되었다. 사자는 농부에게 찾아가서 "당신의 딸과 결혼하게 해달라."고 부탁했다. 농부는 만약 사자의 요구를 거절하면 사자가 가만히 있지 않을 것 같아 고민했다. 다음날 사자가 다시 와서 농부의 딸과 결혼하게 해달라고 졸랐다. 농부는 사자에게 조건을 제시했다. 사자의 이와 발톱이 딸에게 너무 위험하니 모두 뽑아버리고 오면 사위로 삼겠다고 했다. 다음날, 사자는 이와 발톱을 모두 뽑아버리고 농부를 찾아왔다. 농부는 마을 사람들을 불러 사자를 몽둥이로 두들겨 패서 쫓아버렸다.

나의 장점을 단점이라고 얘기하는 사람은 믿지
않는 게 좋다. Y 차장은 뛰어난 비즈니스맨이다. 기획력이 뛰어나고,
실행력도 강하고, 넓은 인맥과 대인관계로 업계 정보에도 매우 밝은
사람이다. 회사 입장에서는 꼭 필요한 직원이며 최고가 될 수 있는 사
람이다. 그러나 상식적이지 못한 상사 밑에서는 회사에서 없어져야
할 문제 직원으로 평가받을 수도 있다.

Y 차장 위에는 X 팀장이 있는데 그는 Y 차장을 경쟁 상대로 본다. X
팀장은 Y 차장의 뛰어난 능력과 활동력을 활용해 일을 잘해보겠다는

생각이 없다. 오히려 Y 차장의 활동력에 위협을 느끼고 그를 경계한
다. 그래서 X 팀장은 Y 차장의 작은 실수도 크게 부풀리고 핀잔을 줄
뿐 아니라 Y 차장의 장점을 문제점으로 왜곡하기 일쑤다. Y 차장이 고
객을 폭 넓게 만나고 업계 정보에 밝은 것에 대해서도 "도움도 되지
않는 정보만 주워 온다."며 그를 폄하하기에 바쁘다. "왜, 아예 이번엔
국회의원 선거에 출마하지 그래?"라며 빈정거린다. 고객의 작은 문제
제기라도 귀담아듣고 완벽하게 고객 입장에서 해결해주려는 Y 팀장을
고객에게 끌려다니는 사람으로 몰아붙이고, '원가 개념 없고 비용을
낭비하는 사람'이라며 극단적인 비방도 서슴지 않는다.

　Y 차장이 창의적인 신규 사업을 기획해서 보고하면 그런 기획서는
초등학생도 쓴다며 "이거 해 봤어? 책임질 수 있어?"라며 무책임한
몽상가로 치부한다. 사업목표 달성 방안을 보고할 때도 목표에 미달
하는 현실적인 계획을 제출하면 "목표 개념이 부족하다."고 지적하고,

목표를 달성하는 의욕적인 계획을 제출하면 "이런 숫자 놀음은 신입 사원도 한다."며 좀체 Y 차장의 능력을 인정할 줄 모른다. 급기야 "앞으로 대외 활동은 하지 말고 내부에서 직원 관리에 힘을 쏟아라."고 충고한다. 능력 있는 Y 차장은 어떻게 해야 할까? Y 차장을 오라는 회사는 많다. 하지만 Y 차장은 지금 회사에서 성공하고 싶다. X 팀장만 빼고 모두 Y 차장을 좋아한다. 나는 이럴 때 회사를 그만두는 것이 낫다고 조언하는 편이다.

나의 장점을 버리고 어떻게 생존경쟁에서 이길 수 있나? 나의 장점을 문제점이라고 지적하는 사람은 나의 유일한 경쟁력을 버리라고 조언한다. 사자에게 이와 발톱이 없으면 동물의 왕은 고사하고 정글에서의 생존도 보장할 수 없다.

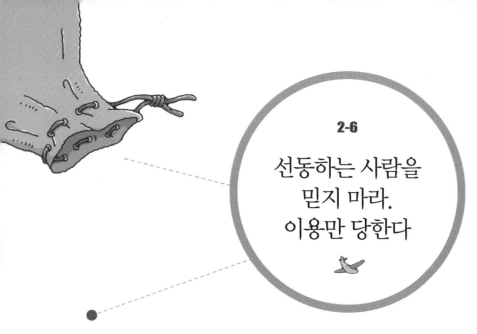

2-6

선동하는 사람을 믿지 마라. 이용만 당한다

꼬리가 잘린 여우

여우 한 마리가 덫에 걸렸다 간신히 탈출했다. 그러나 불행하게도 여우는 꼬리가 덫에 걸려 싹둑 잘리고 말았다. 꼬리가 잘린 여우는 자신의 모습 때문에 고민하다가 불현듯 좋은 생각이 떠올랐다. 여우는 여우들을 모아놓고 이렇게 말했다. "여러분, 꼬리를 자르는 게 어떨까요? 원래 꼬리는 사는 데 별로 도움이 되지 않습니다. 나는 꼬리가 없어지고 나니 오히려 몸도 가벼워지고 번거롭지도 않아 덫에 걸릴 일도 없어 아주 좋습니다." 이때 나이가 많은 늙은 여우가 나와서 말했다. "만일 네 꼬리가 덫에 잘리지 않았다면 이런 이야기는 하지도 않았을걸!"그 얘기를 들은 여우들은 꼬리 잘린 여우를 보고 깔깔깔 웃어댔다. 톡톡히 창피를 당한 여우는 뒤돌아보지 않고 도망쳤다.

회사에서 사업부가 없어질지도 모른다는 소문이 돈다. 어쨌든 분위기상으로라도 사업부의 축소 개편은 예견된 상황이었다. P 차장은 사업부가 없어지면 회사를 나가야 할 것이라고 직감하면서 불안감이 생겼다. P 차장은 동료를 만날 때마다 "사업부가 통째로 없어질 것 같다."며 공포 분위기를 조성했다. 사업부 존폐론이 생기게 되면 대부분 직급이 높은 사람일수록 불안 강도가 심해진다. 오히려 사원이나 대리급 직원들에게는 사업부 폐지가 남의 얘기처럼 들릴 수 있다.

그런데 사업부 폐지 소문에 대리급이 제일 먼저 의자를 들썩거리며 회사를 옮기는 사태가 벌어졌다. 몇 명이 회사를 옮기면 사업부 직원 대부분이 더욱 불안한 상태에 빠지게 된다. 남아 있는 직원은 자신이 능력이 없다고 생각해 불안해한다. 사업부 폐지 소문의 진원지인 P 차장도 회사를 옮긴다. 그동안 P 차장은 회사를 옮기기 위한 만반의 준비를 해왔다. 동료들과 사업부의 미래를 걱정하는 척했지만 이미 자신의 살 길은 찾아놓은 상태였다. 오히려 P 차장의 선동에 전혀 준비가 되지 않은 직원들만 흔들린 것이다.

결론적으로 사업부 폐지는 없었다. 오히려 경영진은 직원의 퇴사로 인해 조직이 불안정해지고 남은 직원의 사기가 떨어질 것이 걱정돼 관심과 지원을 강화했다. 연말에 이 사업부는 회사 전체에서 가장 많은 승진자를 배출했다. 그렇다면 소문만 믿고 급하게 회사를 옮긴 직원들은 어떻게 됐을까? 1년도 채 안 되는 짧은 기간에 이직한 직원의 절반이 회사를 또 옮겼다. 기혼 여직원은 새롭게 옮긴 회사에 적응하는 데 실패해 10여 년의 직장생활에 종지부를 찍고 가정으로 돌아갔다. P 차장의 사업부 폐지 소문만 믿고 회사를 옮긴 직원에 비해 남아 있는 직

원의 상황이 훨씬 더 나았다. 대부분의 사업부 폐지 소문은 버티는 사람이 결과적으로 승자가 되는 경우가 많다.

불분명한 정보를 퍼트리는 것은 선동이다. 어느 누구도 선동에 현혹돼 그릇된 판단을 하고 싶은 사람은 없다. 그렇지만 자신도 모르게 다른 사람의 선동 때문에 잘못된 판단을 하게 되는 경우가 있다. 선동하는 사람은 이미 마음의 준비를 하고 있으며, 여기에 다른 사람을 끌어 들여 혼자 뛰지 않으려 한다는 사실을 잊지 않아야 한다. 선동하는 사람은 의도가 있고, 자신의 의도에 따라 준비를 하는 사람이다. 선동에 휩쓸리는 사람은 준비가 돼 있지 않은 사람이다. 모든 결과는 선동을 주도하는 사람이 챙겨줄 것이라고 생각한다면 착각을 해도 심하게 한 것이다. 그로 인한 문제나 피해가 생기면 손해 보는 사람은 선동하는 사람이 아니라 선동에 휩쓸린 사람이다.

108

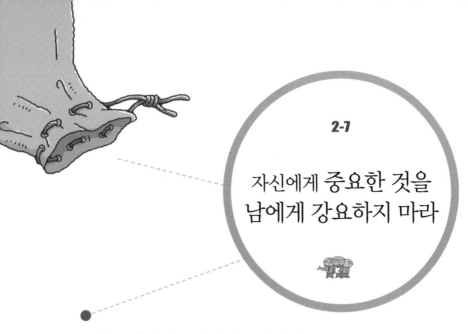

자신에게 중요한 것을
남에게 강요하지 마라

누가 주인이 되든 상관없는 당나귀

국경 근처에 있는 목장에서 어느 목동이 한가로이 먹이를 먹는 당나귀를 보고 있었다. 그런데 갑자기 산 너머에서 적국의 군인들이 몰려왔다. 목동은 황급히 당나귀에게 "적국의 군인들에게 잡히기 전에 빨리 뛰라."고 말했다. 그러나 당나귀는 서두르기는커녕 시큰둥한 얼굴로 먹이를 계속 먹으면서 말했다. "제가 왜 뛰어야 하나요? 지금도 이렇게 무거운 짐을 지고 있는데 적군이 왔다고 달라질 게 있을까요?" 목동은 할 말이 없었다. 이에 당나귀는 한마디를 더 덧붙였다. "무거운 짐을 지고 있는 상황에서 제가 누구를 위해 봉사하는가는 아무런 상관이 없어요."

인사 평가를 무기로 부하 직원을 독려하는 상사는 참 안타까운 사람이다. 독려를 넘어 협박을 일삼는 사람은 도덕성을 의심해봐야 한다. 이런 유형의 상사가 주로 사용하는 방법은 '당근과 채찍'이다. '당근과 채찍' 이론을 무슨 대단한 이론인 양 얘기하는 사람도 있다. 바로 일보다 사람에 대한 이해가 필요한 사람이다. '당근과 채찍'은 말 그대로 '당나귀'에게나 써먹을 수 있는 방법이다. 사람의 마음을 움직여야지 말이나 당나귀 대하듯 '당근이나 채찍'으로 움직이려 해서는 될 일도 안 된다. 특히 보상 체계가 제대로 갖춰지지 않은 중소기업이라면 상사는 '당근과 채찍'을 사용하지 않는 게 낫다. A급 고과자(상위 20%)와 C급 고과자(하위 10%)의 성과급 차이가 연봉 300만 원에 불과하고 보통 고과자(중간 70%)와 상·하위 고과자의 연봉 차이가 150만 원 정도에 불과한 상황에서 고과와 연봉으로 사람을 독려하거나 협박하는 것이 얼마나 부질없는 일인지 모르는 것이다.

겨우 150만 원을 더 받자고 자존심도 무시하고 충성할 것이라 기대하는 사람은 어리석어도 너무 어리석다. 과거 산업화 시대에서는 "돈 더 줄게. 더 열심히 일해."라는 게 통했다. 지금은 이런 논리가 씨도 먹히지 않는다. 특히 젊은 직장인에게는 이런 논리도 먹히지 않지만 오히려 자존심을 건드리는 네거티브 전략만 못하다. 솔직하게 나를 도와달라고 부탁하는 편이 오히려 상대방의 마음을 움직일 수 있다.

또 팀원들 개인의 입장에서는 별로 중요하지 않은 일이지만 팀장이 아주 중요한 일이라며 관심을 가지고 참여를 독려하는 경우가 있다. 그런데 마지막에 가면 그 일이 '팀장 또는 임원에게만' 중요한 일이고 성과도 상사가 가져간다면 팀원들은 심한 배신감을 느끼게 될 것이

다. 팀원들에게 일을 더 주기 위해 속이지 마라. 30세가 넘은 성인을 상대로 거짓말을 하고, 그 거짓말에 그들이 속아주리라는 기대도 하지 마라. 직장에서 벌어지는 일은 생각보다 단순하다.

일을 던져주고 일을 하라고 독려하는 건 모든 상사가 할 수 있는 일이다. 말이나 당나귀를 끌어다 여물 앞에 데려다놓는 것은 할 수 있지만 여물을 먹는 건 말이나 당나귀의 마음먹기에 달렸다. 직장도 마찬가지다. 중요한 것은 멤버가 일을 잘하겠다고 마음먹게 하거나 열성을 다해 성과를 내도록 만드는 것이 리더의 역량이다. 팀원의 마음을 움직이지 않고 무조건 나를 따르라는 사람은 잘되기 어렵다. 단지 일하는 척하는 부하 직원만 주변에 우글거릴 뿐이다.

일을 가르치지 않는 상사 밑에서 일하면 C급 인재가 된다

포도밭에 보물을 숨긴 농부

병상에 누워 죽음을 앞둔 농부가 있었다. 농부는 임종을 앞두고도 농사를 지어보지 않은 자식들이 자신이 죽고 나면 포도밭을 팔아 흥청망청 써버릴 것 같아 걱정이 이만저만 아니었다. 농부는 자식들을 모두 불러 모아 다음과 같이 유언을 했다. "내가 너희를 위해 포도밭에 보물을 숨겨놓았으니 그것을 찾도록 해라." 농부는 유언을 남기고 결국 죽음을 맞았다. 자식들은 아버지의 장례를 마치자마자 포도밭을 파헤쳤다. 포도밭을 죄다 파헤쳤지만 그 어느 곳에서도 보물이 나오지 않았다. 그러나 자식들이 포도밭을 파헤친 것이 오히려 포도밭을 잘 가꾼 형국이 돼서 그해 포도 농사에서 풍작을 거뒀고, 자식들도 큰돈을 벌었다.

먹이도 주고
싸울 필요도 없는
우리에 사는
편한 사자는
무얼 할 수
있을까

좋은 상사를 만난 사람과 그렇지 못한 상사를 만
난 사람과는 그 차이가 매우 확연하게 드러난다. 어떤 상사는 부하 직
원이 일을 느리게 하거나 잘하지 못하면 직접 그 일을 해주기도 한다.
상사의 도움으로(상사가 직접 일해서) 일을 마무리한 부하 직원은 상사가
고맙다. 비슷하게 부하 직원이 일을 모르거나 잘 못하는 경우 처음부
터 끝까지 자세히 설명해 일을 마무리할 수 있도록 도와준다. 부하 직
원 입장에서는 친절하고 세세하게 알려주는 상사가 고맙다. 반면에
어떤 상사는 부하 직원에게 일하는 방법을 알려주고, 스스로 더 좋은
방법을 찾게 지도해주고 많은 자율성을 부여한다. 흔히 이런 업무 스
타일을 코칭이 결합된 임파워먼트(Impowerment, 권한위임)라고 표현한
다. 앞의 두 명의 상사와 나머지 한 명의 상사 중 어떤 상사와 일하는
부하 직원이 일을 더 잘 배울까? 후자다. 직장에서 코칭 능력과 권한
위임 능력이 뛰어난 상사를 만나는 것은 그야말로 행운이다. 직장은
일을 해주고 월급을 받는 곳으로 생각하는 것은 정말 '올드(낡은)'한
생각이다. 직장은 월급을 받으면서 배우고 학습하는 훈련의 장이다.

직장을 연수원이라고 생각해도 좋다. 창의력을 배우고, 기획력을 배우고, 시간관리를 배우고, 목표관리를 배우고, 영업을 배우고, 마케팅을 배우고, 협상을 배우고, 전략을 배우고, 대인관계를 배우고, 조직관리를 배운다. 어느 것 하나 평생 직업의 시대를 대비하는 데 필요하지 않은 게 없다. 세상에 이런 좋은 환경이 어디 있는가? 문제는 어떤 상사를 만나느냐 하는 것이다. 일할 기회도 주지 않고, 새로운 업무를 접할 기회도 주지 않고, 도전할 기회조차 주지 않는 상사가 문제인 것이다. 3개월, 6개월, 1년, 2년······. 이런 상사와 오래 일하면 일할수록 핵심 인재에서 점점 멀어져 B급 인재, C급 인재로 전락하게 된다. 일을 배우고 도전할 기회를 주지 않는 상사는 부하 직원 육성에 관심이

잊지 마시라!
풀을 뽑게 하고
비료를 주게 하고
물을 주도록
매일 시키는 상사가
네 인생의
꽃밭을
만들게 할 것이다!

없는 사람이다. 사랑의 반대는 미움이 아니라 무관심이라 했다. 아름다운 꽃밭을 망치는 방법은 발로 밟고 꽃을 꺾는 게 아니다. 그냥 놔두면 잡초가 무성해지고 벌레가 생겨서 저절로 망쳐진다. 친구와 우정을 망치는 방법은 마구 헐뜯고 비방하는 게 아니라 마치 그 친구가 존재하지 않는 것처럼 내버려두면 된다. 이처럼 부하 직원을 망치는 방법도 혼내고 괴롭힐 필요가 없다. 그냥 놔두면 알아서 망가지게 돼 있다.

인생을 내버려두면 저절로 망가진다. 인생을 망치는 지름길은 방탕한 생활을 하거나, 건강을 챙기지 않거나, 자기를 학대하는 것이 아니다. 그냥 편하게 내버려두면 저절로 망가지게 돼 있다. 상사가 일을 가르쳐주지 않으면 좋지 않은 환경에 놓인 것만은 분명하다. 상사에게 일을 달라고 요구하고, 다른 사람보다 더 노력하는 방법밖에 없다.

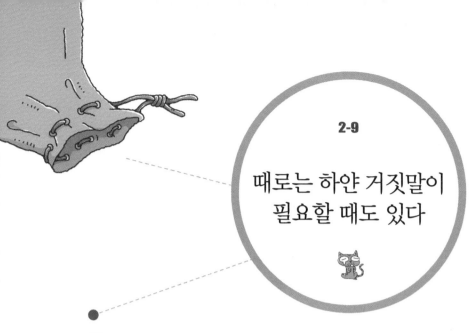

때로는 하얀 거짓말이 필요할 때도 있다

신포도

배가 고픈 여우가 있었다. 먹을 것을 찾아다니다가 잘 익은 포도나무를 발견했다. 주렁주렁 매달린 포도송이를 보고 군침을 삼켰다. 마파람에 게눈 감추듯 달콤한 포도를 따먹다 보니 남은 건 높은 곳에 매달린 포도밖에 없었다. 여우는 까치발을 하고 뛰어봤지만 손이 닿지 않는 포도는 먹을 수 없었다. 한참을 뛰어보기도 하고, 궁리도 했지만 그러다 오히려 배가 더 고파진 여우는 포도를 단념하고 말았다. 여우는 포도를 포기하고 돌아서면서 아무렇지도 않은 표정을 지으며 말했다. "저 포도는 덜 익어서 아주 실 것 같아. 나는 신포도를 아주 싫어하거든."

직장생활을 하다보면 자신은 물론 타인도 힘들어질 때가 있다. 직장에서 거짓말을 하는 것은 좋지 않다. 특히 '진실하지 못하다.'는 평판은 최악의 평판이다. 그러나 때로는 거짓말이 필요할 때도 있다.

K 과장은 최근 중요한 경쟁 제안 프로젝트가 있다. 고객사 담당자와 프로젝트 제안에 대해 충분히 논의했고 고객사가 원하는 제안을 준비했다. 사내에서 팀장과 팀원이 모두 참여하는 리허설도 가졌다. 완벽하게 준비한 만큼 수주는 따놓은 당상이라고 생각했다. 그런데 결과는 경쟁이 되지도 않은 업체가 프로젝트를 수주한 것이 아닌가. 고객사 담당자와 통화를 해보니 전혀 납득할 수 없는 이유를 댔다. 그러면

서 넌지시 그가 건넨 말은 이랬다. "팀장이 새로 왔는데 그가 미는 업체가 있었다."는 것이다. 그리고 결과에 대해 아주 미안해했다. K 과장은 억울한 마음도 있었지만 어쨌든 팀 실적 달성을 위해 최선을 다한 프로젝트 수주에 실패했기 때문에 상심이 컸다. 문제는 팀장의 성향이었다. 즉 프로젝트에 실패할 경우 담당자를 심하게 질책하여 인간적인 모멸감을 느끼게 만드는 스타일이기 때문이다. 더욱이 고객을 배려하는 개념이 희박한 사람이라 경우에 따라서는 고객사에 비리가 있었다는 등 항의성 질책도 할 수 있는 사람이었다. 이미 프로젝트에 실패한 것은 엎질러진 물이며, 이를 팀장에게 보고를 하면 K 과장은 무능한 사람으로 비난을 받고, 고객사에 무슨 짓을 할지도 모르는 상

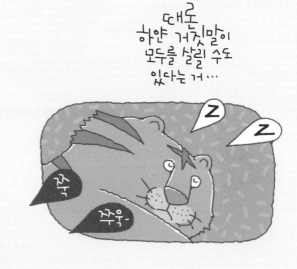

황이다. K 과장은 직장생활을 오래한 선배에게 조언을 구했다. 그리고 K 과장은 팀장에게 고객사 사정으로 프로젝트가 연기됐다고 보고했다. 프로젝트에 실패한 것도 아니고 고객사 사정으로 프로젝트가 연기된 것을 뭐라고 할 상사가 어디 있겠는가.

아무에게도 피해를 주지 않는 선의의 거짓말도 필요하다. '하얀 거짓말.' 사실을 알게 되면 본인은 물론 타인까지 어려움에 빠지게 되지만 그 누구에게도 피해를 주지 않으면서 위기를 넘기려면 때로는 '선의의 거짓말'도 할 줄 알아야 한다. 상사가 신부도 아닌데 고해성사하듯이 마음속까지 드러내 보이며 일할 필요는 없다. 다만 본인은 '하얀 거짓말'이라 하지만 습관이 된 하얀 거짓말은 더 이상 '하얀 거짓말'이 아니라 '습관성 거짓말'이 되니 조심하는 게 옳다.

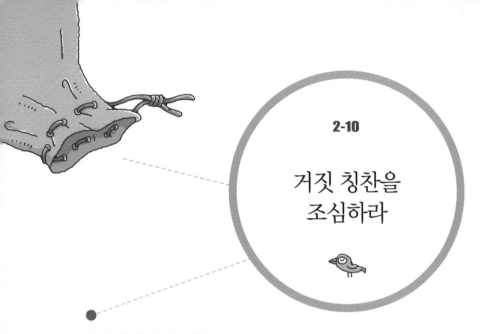

거짓 칭찬을
조심하라

까마귀를 속인 여우

까마귀 한 마리가 맛있는 치즈를 물고 나뭇가지에 앉아 있었다. 나무 아래를 지나던 여우는 까마귀가 물고 있는 치즈가 탐이나 꾀를 내었다. "까마귀 님이 앉아 있는 모습은 군왕의 자태입니다. 군왕의 목소리로 노래 한 곡 불러주시죠."라고 말했다. 여우의 칭찬에 고무된 까마귀는 노래를 시작했고, 물고 있던 치즈는 땅에 떨어져 여우의 먹이가 됐다. 맛있는 치즈를 얻게 된 여우는 까마귀를 비웃으며 갈 길을 서둘러갔다.

똑똑하지만 못된 상사를 '여우 같은 상사' 라고 표현한다. 여우 같은 상사는 먹잇감을 무식하게 빼앗아가지 않는다. 데이터를 수집하고 덫을 놓고 물을 먹이고 거기다가 인간적으로 접근하고 먹잇감을 줘도 새도 모르게 없애버리는 유형이다. 잘 대처해야 한다. 여우 같은 상사가 죽이려고 하면 웬만해서는 도망가기 쉽지 않다. 전부는 지키지 못하더라도 최소한의 것이라도 지켜내려는 지혜가 필요하다.

한 중소기업 사장에게 있었던 일이다. 그는 경영이 어렵다는 이유로 A 과장을 정리하기로 마음먹었다. 그는 연말까지 처리해야 할 프로젝트가 있었다. 그것만 완료하면 A 과장을 해고시킬 예정이었다. 남은 기간은 2개월, 사장은 A 과장을 해고할 계획이지만 2개월 동안 열심히 일을 시켜야 한다. 사장은 직원들에게 경영 상황이 어렵다는 얘기를 하면서 연말에 일부 직원을 구조 조정하겠다고 발표한다(목적은 A 과장을 해고하는 것이다). 해고 계획 발표와 함께 "열심히 성실히 일하고 능력을 발휘한 직원에게는 승진과 연봉 인상을 하겠다."는 말도 덧붙였다 (목적은 A 과장을 2개월 동안 열심히 일하게 하는 것이다). 순진한 A 과장은 자신은 해고 대상이 아닐 것이라고 믿으며 능력을 인정받아 승진도 하고 연봉도 올라갈 희망을 품고 2개월 동안 열심히 일했다. 연말에 사장은 계획대로 A 과장을 해고했다.

해고 발표 직전 사장은 A 과장을 불렀다. 회사 사정이 너무 어려워 이제 직원들 월급도 못 줄 형편이라고 얘기하고는 "당신 같이 유능한 사람을 붙들어놓는 게 사장으로 할 일이 아니다."라며 회사 사정이 좋아지면 꼭 다시 부르겠다고 했다. A 과장은 사장의 말을 진심으로 믿고 오히려 회사를 잘 이끌어달라며 회사 걱정까지 한다. 사장은 해고가 불가피하다는 것을 A 과장에게 인식시켰을 뿐 아니라 부당한 해고라며 문제를 일으킬 소지까지 완벽히 제거한 것이다. 과장된 얘기로 들리는가? 중소기업에서는 흔히 발생하는 일이다. 여우 같은 상사는 감성적인 접근을 할 줄 아는 사람이다. 어떻게 대응해야 할까? A 과장은 사장이 해고 계획을 공표했을 때 자기가 해고 대상자인지 물었어야

했다. 자신이 해고 대상이라는 사실을 확인했다면 2개월간 열심히 일하는 데 대한 대가를 확실히 챙기고 이직할 수 있는 시간적인 여유도 확보해야 한다. 감성적으로 접근하는 상사에게는 일과 팩트(Fact)로 대응해야 한다.

칭찬은 사람을 고무시키는 힘이 있지만 나쁜 목적을 달성하기 위해 나를 칭찬하고 있다면 마땅히 경계해야 한다. 칭찬은 나를 고무시키는 힘이 있지만 정당한 경계심마저 풀어버린다는 것도 잊어서는 안 된다.

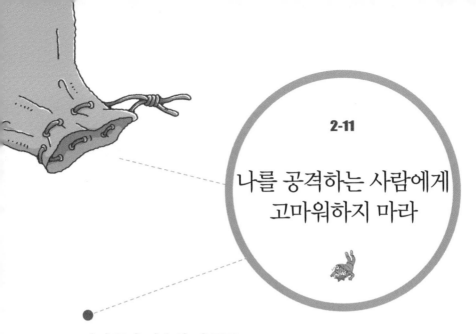

나를 공격하는 사람에게
고마워하지 마라

사냥꾼과 여우와 나무꾼

여우가 사냥꾼에게 쫓기고 있었다. 도망치다가 나무꾼 오두막을 발견
하고는 오두막으로 뛰어들었다. 여우는 나무꾼에게 숨겨달라고 부탁
했다. 나무꾼은 옷장 속에 여우를 숨겨주었다. 잠시 후 사냥꾼이 들이
닥쳐 나무꾼에게 "여우가 들어오지 않았느냐?"고 물었다. 나무꾼은
말로는 여우를 본 적이 없다고 하면서도 손가락으로 여우가 숨어 있는
옷장을 가리켰다. 하지만 사냥꾼은 나무꾼의 손가락질을 알아차리지
못하고 그냥 나가버렸다. 사냥꾼이 나가자 여우는 옷장 문을 열고 나
와 아무 말 없이 오두막을 나섰다. 나무꾼은 여우에게 "은혜를 베풀어
줬는데 고맙다는 인사도 하지 않고 가느냐?"며 나무랐다. 여우는 아
무 말 없이 손가락으로 옷장을 가리키는 시늉을 하며 나가버렸다.

재산 분쟁으로 틀어진 형제보다 이웃사촌이 낫다는 얘기가 있다. 직장생활을 하다 보면 고등학교, 대학교 동문 선배를 상사로 만나는 경우가 있다. 통상 선후배 사이면 밀어주고 끌어준다지만 직장에서는 학연보다 상하관계가 더 우선이다. 특히 정치형 상사는 선후배 사이를 이용하기 쉽다. 정치형 선배는 모든 관심이 자신의 생존에 쏠려 있고, 관계는 이용하기 위한 수단일 뿐이다. 평소 도움은커녕 실컷 부려먹고 이용만 하면서 가끔 한 번씩 "우리가 남이가?"로 모든 것을 때우려 한다. 후배를 이용해 정보를 얻고 경쟁자를 공격

하는 돌격대로 사용한다. 경우에 따라서는 후배를 직원들의 '공공의
적'으로 만들어버리기도 한다. 그래 놓고선 나중에 술 한잔 사주면서
"섭섭하지?"라며 인간적으로 다가온다. 업무에서도 남들 이상으로 깨
고, 괴롭히고, 모멸감을 주면서 "내가 선배이기 때문에 너 잘되라고
하는 거다."라며 어린애 대하듯 한다. 어떤 선배는 후배를 괴롭혀 회
사를 나가게 만들고선 회사를 떠나는 후배의 얼굴을 쳐다보지도 않았
다고 한다. 나는 상사가 동문 선배인 경우 업무적으로 도움을 주어 직
장생활이 잘 풀렸다는 이야기를 아직 한번도 들어보지 못했다. 유사

한 예로 고대교우회 회원이 100만 명이라고 한다. 국민 40명당 한 명인 셈이다. 대학 다닐 때 같은 학교 선후배, 동료 모두가 친구였는지 생각해봐라. 물론 대부분의 동문 선배는 후배를 도와주고 싶어한다. 말은 후배라며 각별하다지만 행동은 전혀 딴판인 사람이 문제다. 상사가 동문 선배라면 아예 그 부분에 대해선 신경을 꺼라. 특별한 의미도 부여하지 마라. 대신 당신이 동문 선배라면 후배를 잘 이끌어줘라.

행동과 말이 다른 사람은 가장 위험하다. 점잖은 말에 속지 마라. 조직 생활에서 말은 믿을 게 못 된다. 행동을 보고 판단하라. 그 사람의 행동이 나를 공격하고 있어 신경이 쓰여도 말은 귀담아듣지 마라. 직장에서 연차가 올라가면 갈수록 어떻게 말해야 하는지 잘 훈련할 수 있지만 행동은 쉽게 바뀌지 않는다. 정치형 상사의 말은 거꾸로 들어라. 곧이곧대로 받아들이면 손해만 본다.

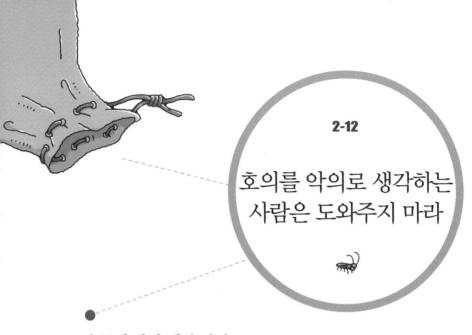

2-12

호의를 악의로 생각하는 사람은 도와주지 마라

우물에 빠진 개와 남자

한 남자가 개를 기르고 있었다. 그러나 어느 날 개가 우물에 빠져 허우적거리는 것을 보게 됐다. 안타까운 마음에 남자는 두레박을 던져 개를 올라타게 해보려 했으나 개는 계속 허우적거릴 뿐이었다. 이러다가 개가 죽겠다고 생각한 남자는 우물 속으로 내려가 개를 구하려 했다. 그러나 개는 남자가 화가 나서 내려온다고 생각했다. 남자가 구조의 손을 뻗는 순간 개는 사정없이 남자를 물어버렸다. 깜짝 놀란 남자는 황급히 우물 밖으로 나와 버렸다. 그리고 허우적대던 개는 물에 빠져 죽고 말았다.

회사의 직무 중에는 어느 정도 연차가 되면 할 수 없는 일이 있다. 일반 회사의 프로그래머나 디자이너가 이런 직무에 해당된다. 사원, 대리까지는 문제가 없는데 과장급 이상이 되면 더 이상 직무를 수행하도록 내버려두지 않는다. 특히 기술력이 높지 않은 직원은 대리 때 스스로 직무 전환을 하거나 타의에 의해 직무 전환을 당한다. C 대리가 디자이너에서 영업직으로 바꿨다. 팀장이 보기에 C 대리는 순수하고 성실한 사람으로 도와주어야겠다고 생각했다. 문제는 비즈니스 베이스가 너무 없어 과연 이 일을 버틸 수 있을지 걱정이었다. 팀장은 C 대리와 면담을 하면서 당부했다. "나를 믿고 따라주기 바란다. 온 힘을 다해서 노하우를 알려주겠다." C 대리는 그렇게 하겠

다고 했다. 팀장은 고객을 만나러 가면 항상 C 대리를 데리고 갔다. 현장에서 모범 사례를 직접 보게 하는 것 이상 좋은 훈련은 없기 때문이었다. 어느 정도 분위기 파악을 시키고 나서 C 대리에게 일을 맡겼다. 그리고 결과를 점검하는 과정에서 잘못이 발견될 때는 가차 없이 문제를 지적했다. 어느 정도 기초가 다져졌다고 생각한 팀장은 영업의 다양한 테크닉을 C 대리에게 가르쳐줬다.

테크닉은 주로 책이나 공식적인 회사 업무에서는 알기 어려운 것들이었다. 팀장은 실전 위주로 훈련을 시켰다. 고객과의 접대 자리에 C 대리를 참석시킨 것이다. 그리고 팀장은 자신이 영업을 배우면서 실수한 일도 얘기해주고 조직에 보고하지 못한 실수도 들려주었다. 팀장은 영업에서 성과를 거두려면 이론과 기술보다는 실전 노하우가 중요하다고 생각했다. 그런데 팀장의 느낌에 C 대리가 전적으로 자기를 신뢰하지 않는다는 생각이 들어 찜찜했다. 사심 없이 도와줬는데 왠지 모를 불편함이 있었다. 팀장 보기에 C 대리가 어느 정도 스스로 영업할 수 있는 수준이 되었다고 판단할 즈음 C 대리는 사직원을 내고 경쟁사로 옮기겠다고 했다. 팀장은 배신감 때문에 그를 잡지 않았다. 그리고 C 대리를 잊기로 마음먹었다. 1년 후 생각지도 않게 C 대리에게서 연락이 왔다. 사무실로 찾아온 C 대리는 팀장에게 "회사에 있을 때 사심 없이 도와줘서 감사하다."는 얘기를 꼭 하고 싶었다는 것이

그래서
네 꼴이
항상
그 모양이녀!

호의도 사람 봐가며 베푸셤-

131

다. 그리고 "사실 팀장 밑에서 일할 때는 100% 믿지 않았다."며 "팀장이 실적을 위해 나를 이용하는 게 아닌가?"하는 생각이 들었다고 한다. 그런데 "회사를 옮기고 보니 팀장님은 정말 사심 없이 나를 도와준 분"이라고 느껴 꼭 이 얘기를 하고 싶었다는 것이다.

직장에서 일 못하는 직원, 말을 가리지 않는 직원, 실수가 많은 직원, 버릇없는 직원 등 그대로 두면 조직에서 버티지 못할 것 같은 위기의 직원들이 있다. 이런 사람들에게 도움을 주겠다고 호의를 베풀다가 오히려 피해를 보는 경우가 있으니 호의도 사람을 가려 베풀어라.

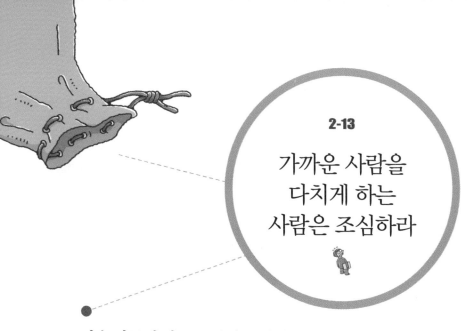

가까운 사람을 다치게 하는 사람은 조심하라

깊은 산골에 사는 농부와 도망간 개

깊은 산골에 농부가 살고 있었다. 그는 작은 농장에서 보리와 콩, 채소를 길러 먹고사는 사람이었다. 어느 해 유난히 날씨가 나빠 농사를 망친 농부는 점점 먹을 게 없어지자 농장에서 기르던 닭을 잡아먹었다. 닭을 모두 잡아먹자 이제는 양과 염소를 잡아먹었다. 양과 염소도 다 잡아먹고, 소를 잡아먹었다. 이제 남은 가축이라곤 작은 농장을 지키고 농부와 놀아주는 개들뿐이었다. 저녁에 개들이 회의를 했다. 개들은 "더 농장에 남아 있다가는 우리도 모두 죽을 것 같다."며 그날 밤 개들은 모두 도망쳐 버렸다.

멤버가 12명인 사업부가 있었다. 불과 2년이라는 짧은 시간 동안 12명의 조직원이 회사를 퇴직하고 새로운 멤버 10명이 채워지고 사업부가 사라져버린 얘기다. 사업부에 임원 승진을 앞둔 H 부장이 팀장으로 왔다. 전임 팀장은 차장이라 파트장으로 내려앉았다. H 부장은 차장을 이런저런 이유로 조직에서 버티지 못하도록 괴롭혔다. 초기에는 멤버들이 차장을 동정하고 도와주려고 했지만, 세력 관계가 완전히 기울자 멤버들은 괜히 H 부장에게 찍혀 좋을 게 없다고 생각해 차장을 피하기 시작했다. 차장은 쓸쓸히 다른 회사로 옮겼다. 조직을 장악하는 데 눈엣가시였던 차장이 회사를 그만두자 H 부장은 폭력적으로 조직을 운영하기 시작했다. 12명의 멤버는 퇴직한 차장과 같은 방법으로 한 명씩 H 부장에게 제거당하기 시작했다. 가장 대표적인 방법이 인사 고과에서 등급을 일정한 비율로 배분하게 돼 있는데 마음에 안 드는 팀원에게 최하 등급을 주는 방법을 사용했다. 최하 등급은 조직에서 특별관리 대상이 되고, 급여도 삭감된다. 사업부는 H 부장이 임원으로 승진하는 목적으로만 활용됐고, H 부장은 특유의 정치력을 발휘해서 임원으로 승진했다. 그리고 임원으로 승진하자 자신의 전공을 찾아 다른 사업부로 자리를 옮겼다. 능력 있는 멤버들이 모두 쫓겨나 빈껍데기만 남은 조직은 다른 사업부에 흡수 통합됐다.

직장에는 가까운 사람을 다치게 하는 데 두려움이 없는 사람이 있다. 걸핏 하면 능력 없는 사람을 자르겠다고 얘기한다. 말뿐 아니라 서슴없이 실행에 옮긴다. 이유는 만들면 이유가 된다. 가까운 사람을 다치게 하는 것을 두려워하지 않는 사람이라면 조직이나 고객에게 더 심한 상처를 줄 수 있는 사람이다. 위험한 사람일 뿐 아니라 조직에서 정리해야 할 사람이기도 하다. 조직이 손을 보지 못한다면 조심하고 가까이하지 않는 게 상책이다. 이런 사람에게 빌붙어 있다가는 준비도 안 된 상태에서 장렬하게 전사할 수 있다.

안타까운 얘기지만 '킬링필드'를 만든 사람은 그 대가를 받아 망가져야 하는데 조직의 생리는 반드시 그렇지 않다. 오히려 착하고 조직과 동료를 위해 헌신한 사람이 악한 사람의 먹이가 되는 게 현실이다. 안타까운 얘기지만 H 부장 같은 사람과 일하고 있다면 빨리 준비해서 살 길 찾아 떠나는 게 자신을 지키는 현명한 처신이다.

때로는 권선징악이 아닌 경우도 있다. 착하고 헌신적인 동료가 먹이가 되고, 사악하고 야비한 동료가 쭉쭉 성장하는 경우도 있다. 하지만 사악하고 야비한 동료가 쭉쭉 성장하는 경우는 바로 앞에서 기술한 그 정도의 사례뿐이다.

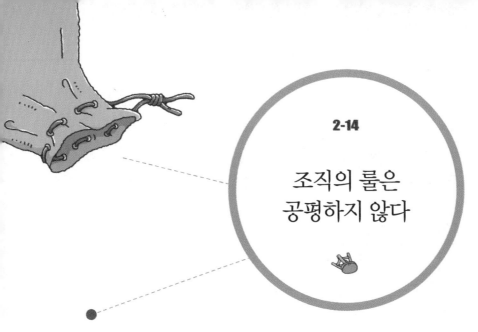

2-14

조직의 룰은
공평하지 않다

먹이를 나눠 먹자고 제안한 늑대

늑대의 우두머리가 늑대들을 모아놓고 먹이를 잡아오면 무리 전체가 공평하게 나눠 먹자는 규칙을 발표했다. 늑대의 우두머리는 "과거에는 각자 잡은 먹이를 먹다보니 먹이가 부족한 늑대가 동족을 잡아먹는 불상사까지 있었으므로 모두 따르라."고 말했다. 이때 새끼늑대 한 마리가 이렇게 말했다. "그럼, 어제 양 한 마리를 잡아 숨겨놓으신 것도 지금부터 같이 나눠 먹는 건가요?" 이 말을 들은 늑대의 우두머리는 먹이를 나눠 먹기로 한 규칙을 없는 것으로 했다.

보통 직장인은 회사의 각종 규정과 규칙을 두 번 정도 보게 된다. 입사할 때 한 번 보고, 퇴사할 때 한 번 더 본다. 무난한 직장생활을 한 사람은 보통 그렇다. 규정이나 규칙을 꺼내놓고 따지면 사내에서 미움받기 십상이다. 어떤 직장인은 휴가나 외출, 외근을 편하게 활용하고 어떤 직장인은 피치 못할 사정이 있음에도 온갖 눈치를 다 받는다.

한 팀에 기혼 여직원이 두 명 있었다. 두 사람은 너무나 달랐다. 한 명은 예쁜 얼굴에 친절하고 일도 잘하고 좋은 학교를 나왔다. 동료 관계도 좋은 편이고 상사와의 관계도 좋았다. 다른 한 명은 외모도 비호감인데다가 일도 못하고 동료 관계도 좋지 않았다. 무엇보다 팀장이 별로 좋아하지 않았다. 어느 날, 호감 여직원이 임신했는데, 임신 초기에 입덧이 너무 심해 남들처럼 회사생활을 하기가 힘들었다. 칼퇴근하는 날도 많았고 아침에 팀장에게 전화를 걸어 몸이 아프다며 연차를 사용하는 날도 있었다. 그러다가 만삭이 돼 출산 휴가를 냈다. 하지만 3개월 출산 휴가가 끝났는데도 아기가 건강하지 못해 출산 휴가를 마치고 직장에 복귀할 수 없는 상황이 됐다. 호감 여직원은 조직에 피해를 주지 않기 위해 퇴직하겠다고 말했다. 그러나 팀장은 육아 휴직을 이용해 6개월간 휴직하도록 선처해줬다. 시간이 흘러 호감 여직원은 다시 직장으로 복귀해 회사에 잘 다니고 있다.

얼마 후, 비호감 여직원도 임신했다. 임신한 티도 내지 않고 일을 했고, 몸이 좋지 않을 때는 칼퇴근을 할 수밖에 없었지만 팀장과 동료 눈치를 살펴야 했다. 출산일이 다가오자 비호감 여직원은 출산 휴가를 내겠다고 했다. 팀장은 회사 사정이 어려워 인원 감축을 해야 한다며 퇴직을 권고했다. 결국 비호감 여직원은 출산 휴가 기간이 끝나자 사

설마…
세상이
공평하다고
생각하는 거야!

직서를 내고 회사를 나가게 됐다. 여기서 끝이 아니다. 이 사실을 안 정의로운 C 과장이 팀장 조치가 부당하다며 문제 제기를 했다. 결과는 팀장에게 대들었다는 이유로 C 과장은 시말서를 쓰게 됐다.

직장에는 규정이나 규칙이 있다. 모든 직원은 평등하게 대접받아야 한다는 데 공개적으로 이의를 제기할 사람은 없다. 하지만 직장의 룰은 반드시 공평한 것이 아니다. 보통 공평하지 않은 룰을 적용하는 상사는 여우 같이 영악한 상사라기보다는 포악한 상사 유형에 속한다. 이런 상사에게 규정과 규칙, 법규를 들이대는 것보다는 피할 것은 피하고, 지혜롭게 대응하는 게 좋다.

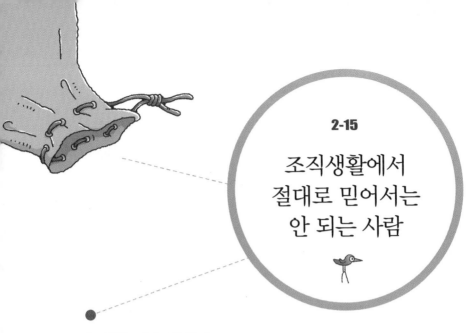

2-15
조직생활에서 절대로 믿어서는 안 되는 사람

늑대를 믿은 양치기

한 양치기가 있었다. 하루는 늑대가 나타나 양떼 주위를 배회하고 다녔다. 잔뜩 긴장한 양치기는 몽둥이를 들고 늑대를 경계했다. 다음날도 늑대가 나타나 양떼를 따라다녔다. 정말 늑대는 양떼를 따라다니기만 했다. 다음날도 늑대는 양떼를 따라다니며 배회하기만 했다. 며칠 동안 이런 일이 있자 양치기는 몽둥이도 들지 않고 평온한 마음으로 늑대를 지켜볼 뿐이었다. 하루는 늑대가 나타나지 않자 걱정이 되기도 하고 허전하기까지 했다. 그러던 어느 날, 늑대는 여느 날처럼 양떼 주위를 배회하고 있었고 양치기는 마을에 내려갈 일이 생겼다. 양치기는 양떼와 배회하는 늑대를 놔둔 채 마을로 내려가 버렸다. 기회를 놓칠 리 없는 늑대는 양들을 물어죽이고 동료 늑대들까지 불러 양들을 잡아가 버렸다. 돌아온 양치기는 늑대를 믿은 자신을 후회했지만 이미 상황은 끝이 나버렸다.

직장에는 경계해야 할 사람이 있다. 나를 물 먹이고, 뒤통수를 치고, 그것도 모자라 짓밟고 이러지도 저러지도 못하게 옭아매는 상사, 동료, 부하 직원이 그런 사람이다. 늑대 같은 사람은 주위를 배회하면서 아무 일 없는 듯이 기다리면서 기회를 노리다 내가 약점을 보일 때 갑자기 달려들어 엿을 먹이는 사람이다. 그러나 많은 사람이 경계해야 할 사람의 의도된 호의나 배려에 경계를 풀어버리고 일이 터진 후에야 후회를 한다. 2,600년 전, 노예 신분으로 살았던 이솝은 많은 '이솝 이야기'에서 사악한 본성은 변하지 않는다고 말한다. 이솝은 악한 사람은 본성이 변하지 않으니 잘 경계해서 자신을 지키라고 말한다. 늑대를 믿은 양치기 외에도 추위에 얼어붙어 죽어가는 뱀이 불쌍해서 품에 안아 녹여주었더니 깨어나자마자 사람을 물어죽였다는 이야기, 가시가 목에 박혀 고통스러워하던 늑대가 두루미에게 가시를 빼달라고 간청하자 두루미가 "가시를 빼주면 나를 잡아먹지 않겠느냐?"며 거절한 이야기도 있다.

인류의 위대한 스승 이솝은 2,600년 전에 이미 인간 본성에 대해

정말
악어에게
잡아먹힌
악어새는
한 마리도
없을까?

"악한 본성은 변하지 않는다."고 재차 강조했다. 직장인에게 "인간의 본성은 변하는가, 변하지 않는가?"라고 묻는다면 의견이 분분할 것이다. 그렇다면 직장에서 사람의 본성은 변할까? 교육이나 충고와 조언을 통해 인간 본성이 변할 수 있을까? 이 질문은 독자들의 몫이다. 하지만 반드시 이해해야 할 것이 있다. 바로 직장의 본질이다. 직장은 근로를 제공하고, 그 대가인 급여를 받는 공간이다. 더불어 나의 꿈을 실현하기 위한 훈련의 장이며, 배움의 장이다. 그런 공간에서 함께 일하는 동료는 소중한 존재다. 그리고 아끼고 사랑하고 도와줘야 한다. 그

악어가
입을 닫는 순간,
악어새는
그저 고기일 뿐
항상 긴장하지
않으면 안 되는
세상 사는 이유!

렇지만 직장에서 만나는 인간관계는 가족관계와 같은 혈연관계가 아니다. 사회에서 만난 친구나 선후배관계도 아니다. 무조건 도와주고 사랑해주는 가족관계도 아니고 '좋은 게 좋은 거'라며 이해하고 넘어가는 친구관계도 아니다. 더구나 나에게 나쁜 짓을 하는 사람은 더더욱 예외다.

나를 노리고 있음을 알고 있으면서 경계를 풀고 마음을 놓고 있다가 사악한 사람의 먹이가 된다면 얼마나 억울할까? 늑대는 늑대일 뿐이다. 사악한 본성은 변하지 않는다는 사실을 잊어버리는 순간, 저항 한 번 못하고 당하는 어린양 신세가 된다는 사실을 잊지 말아야 한다.

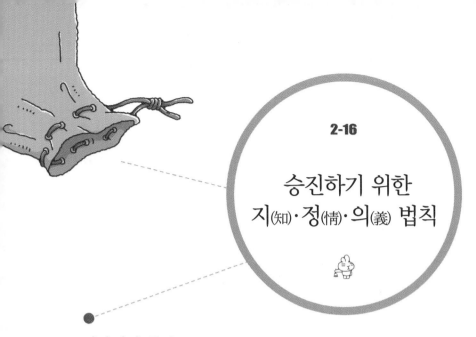

승진하기 위한
지(知) · 정(情) · 의(義) 법칙

까마귀와 물병

강렬한 태양이 내리쬐는 오후였다. 목이 몹시 말라서 거의 죽어가던 까마귀가 물병을 발견했다. 병에는 물이 많지 않아 부리를 디밀고 혀를 날름거렸지만 도저히 물을 마실 수가 없었다. 이 방법 저 방법 궁리를 해봤지만 물을 마실 수 없었던 까마귀는 비통한 마음이 들었다. 그러다 까마귀는 작은 돌을 물어와 물병에 채우기 시작했다. 점점 작은 돌이 물병 속에 가라앉으면서 물이 조금씩 병 입구 쪽으로 올라왔다. 드디어 까마귀는 부리를 집어넣어 물을 마실 수 있었다. 까마귀는 지혜를 이용해 스스로 목숨을 구했다.

무슨 일이든 성공하려면 성공하는 방법을 알면
된다. 승진은 직장에서의 성공을 증명하는 하나의 기준이다. 대부분
의 직장인은 승진하기 위해 열심히 노력한다. 문제는 승진 조건을 알
고 그것에 맞게 자신을 준비하는 것이다. 승진을 결정하는 사람은 상
사나 사장이다. 그렇다면 상사나 사장이 어떤 사람을 승진시켰는지
알아야 한다. 능력 있는 사람이 승진을 한다. 그 어떤 회사도 능력 없
는 직원을 마지못해 승진시키는 회사는 없다. 여기서 말하는 능력이
란 지적 능력, 관계 능력, 영적 능력 등 다양한 능력을 말한다. 승진은
직급에 상관없이 똑같은 능력을 필요로 할까? 그렇지는 않다. 모든 승
진은 개인의 능력을 우선으로 하지만 대리, 과장, 차장, 부장, 임원,
CEO 등 직급에 따라 요구하는 능력은 제각각 다르다.

승진에 필요한 능력을 요약하면 '지(知)·정(情)·의(義)'로 요약할 수
있다. 대리, 과장 승진은 업무 수행 능력이 핵심 요건이다. 업무 능력
이 있으면 웬만하면 승진이 보장된다. 그래서 사원이나 대리일 때는
열심히 일하고 성과를 보여주는 게 중요하다. 역량을 강화하기 위해
대학원에 진학하거나 영어를 공부하고 자기 계발에 열정을 다해야 할
시기다. 차장 승진은 업무 능력도 중요하지만 관계 능력이 중요한 기
준이 된다. 따라서 업무 능력은 탁월하되 부장이나 임원을 잘 보필하
고 아래로는 부하 직원들한테 존경받는 사람이 승진하게 된다. 그런
데 차장 승진에서 떨어진 사람이 대학원에 진학하거나 유학을 가려는
경우가 있는데 승진을 위해 '지(知)'를 높이려는 바보 같은 행동이다.
중간관리자에게 필요한 핵심 능력은 관계 능력이기 때문이다. 상사를
모시는 데 문제가 많고 부하 직원과 항상 마찰을 빚거나 개인적으로
행동하는 사람을 중간관리자로 승진시키는 상사나 사장은 없다. 부장

이나 임원으로 승진하려면 임원이나 사장이 보기에 내 사람이어야 한다. 부장이나 임원으로 승진하려는 사람은 이미 '지(知)'나 '정(情)'을 통과한 사람이다. 업무 능력도 있고 부하 직원의 존경도 받고 상사도 잘 모시는 사람이다. 이 단계에서 인사권자인 임원이나 사장이 원하는 사람은 자기에게 '딸랑딸랑' 거리는 사람이어야 한다. 부장이나 임원 정도의 직급은 조직에서 권한을 많이 주기 때문에 믿을 수 있는 사

능력

知,情,義

내사람

승진하고
싶다면
직급에 따르는
능력을 갖춘
그의
분신이 돼라!

147

딸랑딸랑

회사 라는게
원래 좀 그래...

람이어야 한다. 임원이나 사장의 분신이 되어 '나 대신 내 의견을 전할' 아바타 같은 사람이 필요한 것이다. 한마디로 자기 사람이 아니면 승진시키지 않는다는 것을 알아야 한다. 차장이나 부장 직급에서 6년, 7년, 8년 머물고 더 이상 올라가지 못하는 사람을 관찰하면 그 이유를 알 수 있다. 승진하고 싶은 직장인이라면 '지(知)·정(情)·의(義)' 법칙을 잘 이해해야 한다.

중간관리자로 승진하려면 관계 능력을 높여라. 상사를 잘 모시고, 부하 직원들한테 존경을 받아라. 부장이나 임원으로 승진하려면 인사권자의 분신이 되어야 한다.

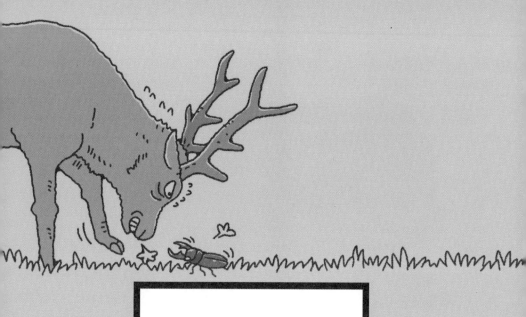

3장.
생존하기 위한
'공격의 기술, 방어의 기술'

Aesop's
Fables

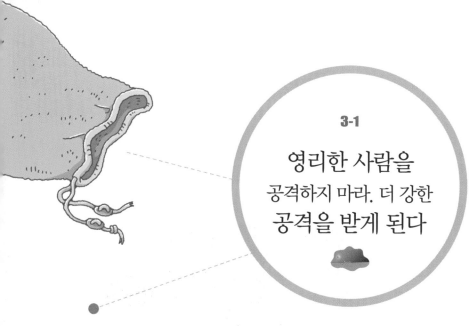

영리한 사람을 공격하지 마라. 더 강한 공격을 받게 된다

독수리 새끼를 잡아먹은 여우

독수리와 여우는 나무 한 그루의 아래위에 살면서 친한 이웃으로 살고 있었다. 독수리는 새끼들과 나무 위 둥지에서 살고, 여우는 나무 밑에 굴을 파서 덤불을 깔고 새끼들과 살고 있었다. 독수리와 여우는 사이가 좋아 독수리가 먹이를 잡으러 가면 여우가 구렁이의 공격을 막아주고, 여우가 먹이를 구하러 가면 독수리가 너구리의 공격을 막아주기도 했다. 어느 날, 먹이를 구하지 못한 독수리는 굶주린 새끼들을 먹이기 위해 여우가 없는 사이에 여우 새끼들을 잡아 독수리 새끼에게 먹이로 주었다. 굴로 돌아온 여우는 독수리가 자신의 새끼들을 잡아먹은 사실을 알아차리고 밤새 슬피 울었다. 여우에겐 너무나 억울한 일이었지만 나무 둥지 위의 독수리를 어쩔 도리가 없었다. 며칠 후 마을에서 큰 제사가 열렸고 제단에 놓인 불씨를 본 여우는 불씨를 가지고 와서 나무 아래 덤불에 불을 붙였다. 덤불이 타는 연기에 어린 독수리 새끼가 땅으로 떨어졌고 여우는 어미 독수리가 보는 앞에서 독수리 새끼들을 잡아먹었다.

회사는 따뜻한 조직인가, 냉정한 조직인가? 회사는 냉정하다. 평소에는 동료애나 배려가 발휘되지만 위기가 닥치면 냉정한 경쟁과 '네가 죽지 않으면 내가 죽는다.' 는 정글의 법칙이 통용되는 곳이 회사 조직이다. 대기업에서 근무하는 K 부장은 O 부장의 3년 선배다. 현재는 사업본부의 1팀장, 2팀장이다. 임원 승진을 노리는 K 부장과 특진에 특진을 거듭해 초고속으로 팀장에 오른 O 부장은 서로 겉으로 표현하지는 않지만 심각한 경쟁관계에 있다. 기존 사업과 고객을 잘 관리해 실적 관리를 잘하는 K 부장, 항상 새로운 아이디어와 공격적인 시장 개척으로 신규 사업에서 역량을 발휘한 O 부장. 임원 자리는 하나밖에 없고 임원 승진은 한 명만 할 수 있다. 그러던 중 O 부장이 신규 사업을 개척하는 과정에서 문제가 발생했다. 회사가 적지 않은 손실을 입었다. 이 문제를 처리하는 과정에서 K 부장은 O 부장에게 비윤리적인 행위가 있을 수 있다는 의혹을 제기했다. O 부장은 개인적인 명예에 심각한 타격을 입고 징계를 받았다. 그리고 O 부장은 스스로 회사를 떠났다. 이 과정에서 O 부장은 K 부장의 행동에 깊은 원한을 가지게 됐다. O 부장은 회사를 떠나기 전 K 부장과 관련된 각종 정보를 수집했다. 직장생활 20년 동안 문제 하나 없이 직장생활하기란 쉽지 않다. K 부장이 업체로부터 접대받은 것부터 업체 선정 과정에서 생겼던 문제점, 업체로부터 금품을 수수한 사례 등을 KGB 수준으로 정보를 모았다. 뿐만 아니라 부하 직원, 동료, 상사는 물론 사장에게까지 K 부장과 관련된 얘기를 하고 떠났다. 회사 밖 동종 업계에 있는 사람들

유능한
부하 직원은
복수에도
유능한 법!
…

에게까지 그 얘기를 하고 다녀 K 부장 얘기를 모르는 사람이 없었다. K 부장은 자신이 한 일을 후회했지만 발 없는 말은 이미 천리를 가고 있었다.

조금 손해를 보더라도 상대방을 궁지로 몰면 안 된다. 특히 유능하고 영리한 상대방을 공격하는 건 위험하다. 직장생활은 단기전이 아니라 장기전이다. 지금 다니는 직장뿐 아니라 동종 업계에서 생존하는 데 문제가 될 수 있다. 어제의 부하 직원이 오늘 '갑'이 될 수 있고, 경쟁사 사장이 될 수도 있다. 유능하고 영리한 상대방을 공격하면 호된 반격을 받게 된다. 그리고 되돌아오는 반격의 강도는 자기가 가한 공격보다 훨씬 더 크고 치명적이다.

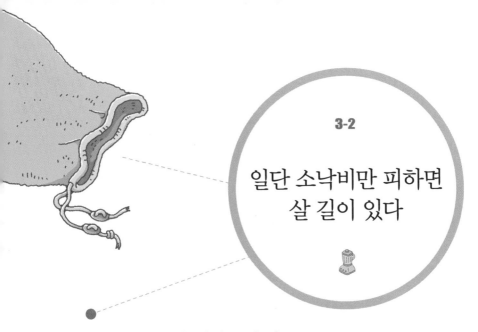

3-2

일단 소낙비만 피하면
살 길이 있다

늑대에게 시간을 달라고 한 개

길바닥에서 개가 잠을 자고 있었다. 그때, 갑자기 늑대가 달려들어 개를 잡아먹으려 했다. 깜짝 놀란 개는 늑대에게 사정했다. "요즘 며칠 몸이 아파 음식을 전혀 먹지 못해 보다시피 이렇게 삐쩍 말랐다."며 "오늘 저녁 주인집에서 생일잔치가 있으니 음식을 많이 먹고 살을 찌워 이 자리에 누워 있을 테니 그때 잡아먹는 게 좋을 것"이라고 하는 게 아닌가. 듣고 보니 그게 나을 것 같아 늑대는 개의 말을 믿고 자리를 떠났다. 저녁 늦게 늑대가 다시 그 자리에 와 보니 개가 지붕 위에 누워 잠을 자고 있는 게 아닌가. 늑대는 약속을 지키라며 지붕에서 내려오라고 했다. 개는 늑대를 비웃으며 말했다. "이봐, 형씨! 앞으로 길바닥에서 자는 개를 보면 그 자리에서 바로 잡아먹는 게 좋을 거요!"

직장생활에서는 위기를 잘 모면하는 능력이 그 사람의 경쟁력이 된다. 회사를 이직한 대부분의 사람들이 하는 얘기가 "그때 좀 참았어야 했는데."라는 말이다. 옛말에 '호랑이에게 물려가도 정신만 차리면 산다.'든가 '소낙비는 일단 피하라.'는 말이 괜히 있는 게 아니다.

직장생활 20년 차인 팀장은 팀원이 일찍 퇴근하는 걸 제일 싫어한다. Y 대리는 올해 들어 야간대학원에 입학해 일주일에 두 번 학교에 간다. 팀장은 Y 대리가 대학원에 다니는 걸 양해하는 척했지만 속으로는 불만이 많았다. 최근 들어 팀에 프로젝트가 하나 떨어졌다. 팀장은 오후 5시만 되면 Y 대리를 불러 업무 지시를 한다. 일주일에 두 번 학교에 가야 하는데 팀장의 업무 지시로 학교를 몇 번 빼먹게 되었다. 그날도 Y 대리는 학교에 가야 하는 날인데 팀장이 회식을 잡았다. 또 학교를 빼먹고 회식에 참여한 Y 대리는 기분이 엉망이었다. 1차를 마치고 2차로 가는 도중, 팀장과 Y 대리 사이에 말다툼이 생겼고 급기야 팀원들이 말리는 상황이 되고 말았다. Y 대리가 실수한 것이다. Y 대리는 그날 밤 한숨도 자지 못하고 고민을 했다. 자신의 명백한 실수이므로 회사를 관두고 대학원에 다닐 수 있는 회사에 가야 하는 걸까? 좋은 결정이 아니지만 사고는 이미 터졌고 항명 사건으로 징계를 받을 수도 있는 절체절명의 위기 상황이었다. 다음날 Y 대리는 팀장에게 싹싹 빌었다. 물론 팀장은 시선을 외면한 채 대꾸도 하지 않았다. 팀장과 면담을 마치고 팀장과 잘 지내는 P 차장에게 부탁했다. P 차장은 팀장에게 Y 대리를 위해 힘을 써줬다. 1주일 정도 시간이 걸렸고, Y 대리는 팀장 앞에서는 고양이 앞에 선 쥐 신세가 됐지만 위기는 넘길 수 있

♥ 카레를 입술에 묻히지 않고
먹는 방법!

① 믹서를
준비한다

② 카레 요리를
믹서에
넣는다

③ 간다

윙-

④ 빨대로
빨아
먹는다

쭈-욱

근데… 이게 뭔 맛?!

당장 그만둬!

직장생활을 갈아 먹을
방법은 없다
입가에 카레가 묻는 것쯤은
각오하시라!
사실 그게 제맛이다.

었다. 지금도 Y 대리는 여전히 팀장에게 불만이 많고, 팀장 역시 Y 대리를 좋아하지 않는다. 그러나 Y 대리는 일단 급한 소낙비는 피한 셈이다.

직장생활이 '언제나 맑음'일 수는 없다. 사장이나 임원이 아닌 다음에야 소낙비를 정면 돌파해서 새로운 전기를 마련할 일도 별로 없다. 소낙비가 오면 옷 좀 적실 각오는 해야 한다. 소낙비에 홀랑 젖어 물에 빠진 생쥐 모양으로 다니는 것은 더더욱 안 된다. 갑자기 소낙비가 몰아쳐 오건만 혼자서 뽀송뽀송한 옷을 입고 있겠다고 생각하는 건 현실적이지 않다.

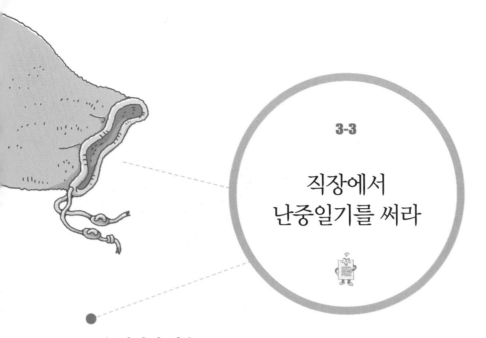

직장에서
난중일기를 써라

늙은 사자와 여우

늙고 병들어 죽을 날만 기다리는 사자가 먹이를 구하기 위해 꾀를 냈다. '늙은 사자가 임종을 앞두고 있으니 작별 인사를 하라.'고 소문을 낸 것이다. 그러나 문병을 온 동물들은 늙은 사자가 사는 동굴에 들어서는 순간 늙은 사자의 먹이가 되고 말았다. 꾀 많은 여우도 문병을 왔지만 동굴로 들어가지 않고 동굴 앞에서 서성거렸다. 사자는 여우에게 "어이, 여우! 안 들어오고 뭐해? 날 보러 왔으면 들어오시게."라고 말했다. 여우는 "문병은 여기서 드리고 돌아갈게요. 동굴로 들어간 발자국은 있는데 밖으로 나온 발자국이 없는 걸로 봐서 저는 들어갈 수가 없네요."라고 말했다.

　직장에서 많이 써서 좋을 것 없는 게 있다. 사직
서, 경위서, 시말서 같은 서류다. 사직서는 웬만해서 두 번 쓸 일이 없
지만 시말서와 경위서는 두고두고 직장생활에 나쁜 영향을 미친다.
특히 긴 시간이 흐른 뒤에 시말서나 경위서를 다시 보게 되는 경우 그
것을 읽는 사람은 시말서나 경위서에 기재된 내용을 사실이라고 믿을
수밖에 없다.

　습관적으로 직원에게 경위서를 쓰게 하는 상사가 있다. 잘못이 있으
면 경위서를 쓰는 것이 당연하지만 이유 같지도 않은 이유로 경위서를
쓰게 하는 게 문제다. 회의를 하면서 부하 직원과 입장 차이가 있어 토
론하다가 목소리가 커진 것도 하극상으로 몰아가기도 한다. 중요하지
않은 사항이라 생각하고 보고하지 않은 것을 빌미로 경위서를 쓰게 한
다. 어떤 때는 프로젝트 수주에 실패한 것에 대해서도 경위서를 쓰게
하는 경우도 있다. "왜, 그런 일에 경위서를 써야 하느냐?"고 항변하면
이 역시 하극상으로 간주돼 경위서에 대든 것에 대해 다시 경위서를
써야 한다.

　어쩔 수 없이 경위서를 제출하면 품의서를 고치듯이 내용을 고치게

하는데 이쯤 되면 상사가 의도하는 바가 무엇인지 충분히 예상할 수 있다. 경위서는 회사의 공식 문서이지만 이런 유형의 상사는 공식적으로 처리하지 않고 개인적으로 관리하는 블랙리스트 금고에 보관한다. 그리고 이들 경위서는 나중에 상대방을 공격하는 무기로 사용된다. 특히 상사가 '빨간 펜'으로 고쳐주면서 쓰게 한 경위서는 시간이 흐르고 나서 보면 무슨 대단한 잘못을 한 것처럼 포장이 돼 있다. 경위서를 쓴 사람은 본인이 직접 작성했지만 어떤 배경이 있었는지 기억이 가물가물하다. 중요한 것은 본인이 작성했다는 사실이다. 이런 상사에게 피해를 보지 않는 방법은 기록을 남기는 것이다. 이순신 장군께서 〈난중일기〉를 쓰셨듯이 직장에서 벌어지는 사건을 기록해두어야 한다. 특히 자신에게 불리한 사건은 기록으로 남겨 긴 시간이 흐르더

아그들아!
처리해라!

예!

방어를위해
당시 상황을
정리해놓은 기록

161

라도 철저하게 방어할 수 있도록 자세히 기록해둘 필요가 있다. 왜냐고? 상사가 경위서를 받을 상황이 아닌데도 경위서를 쓰게 한 것이 바로 그 이유다. 비정상적인 프로세스가 진행된다면 '왜 그럴까?' 라고 생각하면서 그 일에 대해 관찰하고 분석하는 능력을 갖춰야 한다.

'사자의 동굴' 로 들어갈 수밖에 없는 상황이 자주 생긴다. '사자의 동굴' 로 들어가면 한 번의 실수로 죽음을 맞게 된다. 관찰력이 뛰어난 사람은 '사자의 동굴' 을 알아보고 들어가지 않는다. 관찰력을 높이고 한 번 더 생각해보는 신중함이 생존 비법이다.

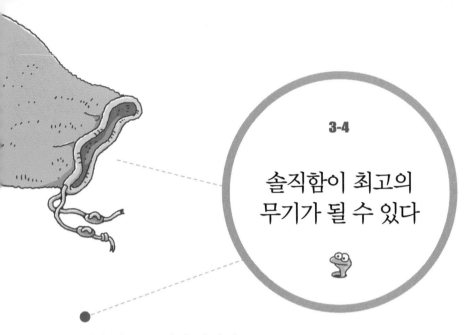

3-4
솔직함이 최고의 무기가 될 수 있다

배가 부른 늑대와 어린양

먹이를 잔뜩 먹어 배가 부른 늑대와 어린양이 길에서 우연히 마주치게 됐다. 어린양은 늑대가 무서워 꼼짝도 못하고 벌벌 떨고 있었다. 하지만 배가 부른 터라 굳이 어린양을 잡아먹을 생각이 없었던 늑대는 어린양에게 한 가지 제안을 했다. 만일 자신에게 세 가지 진실을 말한다면 어린양을 잡아먹지 않겠다고 약속했다. 어린양은 "다시는 늑대를 마주치지 않았으면 좋겠다."라고 말했다. 그러고는 "늑대가 눈이 멀었으면 좋겠다."라고 말했다. 마지막으로 "늑대들이 모두 죽어버려서 양들이 늑대를 만날까 걱정하지 않고 살았으면 좋겠다."고 말했다. 늑대는 어린 양의 말이 모두 진심이라는 걸 인정하고 어린양을 살려서 보내주었다.

직장에서 부하 직원은 상사에게 항상 진실만 말해야 할까? 상사는 고해성사를 받는 신부가 아니다. 상사는 인사권을 가지고 나를 평가하는 사람이다. 당연히 잘 보여야 한다. 상황에 따라 '사실인 척(Fake)' 하는 것이 좋은 대처인 경우가 있다. 그러나 거짓말은 좋지 않다. 한 가지 거짓말을 하면 일곱 가지의 증거를 만들어야 하니까. 부하 직원이 거짓말을 한 것을 안 상사는 더 이상 그를 신뢰하지 않는다. 상사의 신뢰를 받지 못하는 부하 직원은 상사의 감시와 간섭에서 일을 하게 된다. 특히 경험이 풍부한 상사가 부하 직원이 거짓말을 할 수 있다고 충분히 예상하고 있을 때 거짓말을 하면 어떻게 될까? 제대로 당할 것이다. 일도 못하는 부하 직원이 거짓말까지 한다며 꼼짝할 수 없을 정도로 몰아칠 게 분명하다.

직장에서 업무 능력이 떨어진다는 평가를 받는 것은 나름 참을 만하다. 그러나 거짓말을 스스럼없이 하는 사람이라는 평가가 내려지면 신뢰와 개인의 인격에 관한 문제이므로 직장에서 들어서는 안 될 가장 나쁜 평판에 속한다. 직장에서는 솔직 모드가 좋다. 동료와 부하 직원에게는 솔직한 모드로 가야 친구가 생긴다. 상사에게도 솔직한 사람이라는 인상을 줄 수 있는 계기와 사건을 연출하는 것도 지혜로운 방법이다.

네가 안 보여!

거짓말

변명

핑계

안보이긴!
그게
얘야!

이솝 이야기에서 어린양이 무서운 마음에 "늑대는 마음이 너그럽다."거나 "양들은 늑대를 좋아한다."든가 "늑대에게 잡아먹히는 것이 양에게는 영광"이라고 말했다면 어린양은 온전하지 못했을 것이다.

직장에서 문제가 생기면 두 가지 해결책이 있다. 정면 돌파하는 것과 회피하는 방법이다. 회피할 수 있으면 좋지만 회피할 수 없는 문제는 정면 돌파해야 한다. 사안이 중요한 문제일수록 회피해서는 해결이 되지 않는다. 이럴 때 변명과 거짓말을 하면 나중에 더 큰 책임을 피할 수 없게 된다. 큰 문제일수록 솔직하게 말하고 대범하게 해결해야 한다.

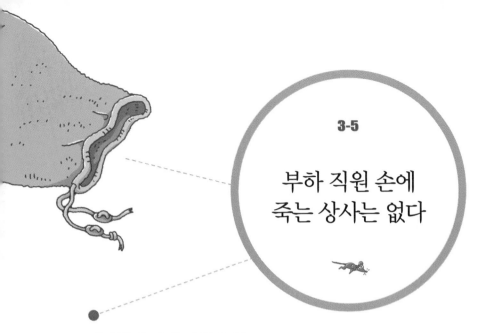

부하 직원 손에 죽는 상사는 없다

사자를 축사에 가둔 농부

사자 한 마리가 길을 헤매다 축사에 들어가게 됐다. 이를 본 농부는 사자를 잡기 위해 축사 문을 잠가버렸다. 축사에 갇힌 사자는 화가 머리끝까지 나 미친 듯이 날뛰다 가축을 물어죽이기 시작했다. 가축들이 죽는 걸 본 농부는 깜짝 놀라 축사 문을 열어주었다. 사자는 커다란 양한 마리를 입에 물고 축사를 빠져나가 멀리 달아났다. 농부는 사자에게 물려죽은 가축들을 보면서 엉엉 울었다. "사자 소리만 들어도 벌벌떠는 내가 어쩌자고 사자를 잡겠다는 생각을 했을까!"

상사와 정면으로 부딪치고 싶어 하는 부하 직원이 의외로 많다. 혼자서 상사에게 맞서는 경우도 있고, 집단으로 상사에게 항의하는 경우도 있다. 조직에서 부하 직원 손에 의해 전사하는 상사는 거의 없다(99.99%). 상사는 상사의 상사에 의해서만 전사한다. 상사를 죽이려다 장렬히 전사하는 직장인들이 너무 많다. 상사를 죽이려 하지 마라. 애당초 가능한 일이 아니다.

합리적이고 사원들의 얘기를 잘 경청하는 사장이 있다. 그리고 사장 밑에 임원이 있다. 이 임원은 사장과는 정반대의 사람이다. 자기 안위만 생각하고, 폭압적이고, 비전도 없다. 직원을 쥐 잡듯이 달달 볶아댄다. 많은 직원들은 임원이 싫어서 회사를 퇴직한다. 임원 밑에 있는 모든 사람들은 '이 사람은 회사에서 없어져야 할 사람'이라고 생각한다. 더는 이대로 있을 수 없다고 생각한 직원들이 방법을 찾아본다. 방법은 하나다. 사장에게 면담을 요청한다. 합리적이고 사원의 얘기까지도 잘 경청하는 사장은 직원들의 건의를 성의 있게 듣고는 "심사숙고하겠다."는 답을 준다. 어떻게 됐을까? 사장은 임원을 심하게 질책한다. 그리고 직원들과 면담한 내용을 얘기해주고, 앞으로 직원 관리 똑바로 하라고 충고한다. 한편으로 사장은 직원들의 행위를 '하극상'이라고 생각한다. 임원을 포함한 사업부 전체에 부정적인 인식을 갖게된다. 임원과 직원들의 관계는 또 어떤 양상을 띠게 될까? 임원은 노골적인 반감을 드러내며 주동자를 색출해낸다. 소위 '하극상 사건'을 주도한 고참 간부는 스스로 옷을 벗어야 했다. 그리고 얼마의 시간이 흘러 유능한 직원 몇몇도 조직을 떠났다. 임원은 예전보다 더 심하게 직원을 다루는 사람이 됐다. 오늘도 직원들은 쥐 죽은 듯이 회사에 다닌다. 더 이상 집단행동이 불가능한 상태가 됐다.

상사에게 덤비는
부하 직원이 물론 있다.

생쥐도 코너에 몰리면…

고양이를 문다고 하잖아!

찍-

그런데 … 그 다음 이야기는
왜 없는지 알어?

이런…
썅-!

그야..
뻔하니까!

덤비지 마라!
너만 손해다!

또 지극히 이례적으로 성공한 사례도 있다. 직원들이 집단으로 임원의 지시와 회의를 거부한 경우다. 회사가 그야말로 무법천지가 된 것이다. 임원이 사장에게 상황을 보고했다. 사장이 직원들과 면담을 했다. 임원에게 스스로 퇴직하도록 종용했다. 그리고 '하극상'을 주도한 직원들의 다수가 징계를 받았다. 상처뿐인 영광인 셈이다.

어떤 상사도 '하극상'을 허용하지 않는다는 조직의 생리를 알아야 한다. 왜냐하면 하극상을 허용하는 순간 자신도 하극상의 대상이 될 수 있음을 잘 알기 때문이다. 직장생활을 20년 이상 한 상사는 하극상을 직접 겪었거나 타인이 하극상을 겪은 것을 이미 알고 있다. 그리고 하극상에 대해 조직이 어떻게 대응하는지도 정확하게 알고 있다. 그는 부하 직원이 상사를 죽이는 것을 허용하는 조직을 한 번도 본 적 없다.

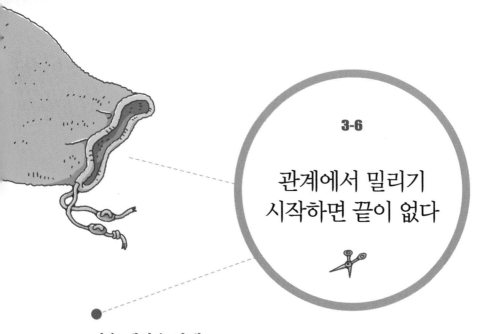

관계에서 밀리기 시작하면 끝이 없다

집을 빼앗은 암캐

한겨울에 성격이 고약한 암캐가 출산을 앞두고 있었다. 암캐는 양치기 개에게 새끼를 낳을 때까지만 집을 빌려달라고 간청했다. 만삭이된 암캐를 본 양치기 개는 안쓰러운 마음에 새끼 낳을 때까지 집을 빌려주기로 했다. 드디어 암캐가 출산했다. 양치기 개는 암캐에게 이제 새끼를 낳았으니 집을 돌려달라고 했다. 암캐는 아직 새끼들이 너무 어리니 새끼들이 좀 클 때까지 기다려달라고 부탁했다. 양치기 개는이 부탁도 들어주었다. 시간이 흘러 새끼들이 많이 자랐다. 양치기 개가 이제 새끼들도 많이 컸으니 집을 돌려달라고 했다. 그랬더니 암캐는 날카로운 이를 드러내며 새끼들까지 합세해 으르렁거리며 집을 돌려줄 수 없다고 달려드는 게 아닌가. 하는 수 없이 양치기 개는 암캐에게 집을 빌려준 것을 후회하며 발길을 돌렸다.

직장에서 상사와 부하 직원의 관계를 자세히 들여다보면 어떤 직원은 항상 상사에게 주눅이 들어 있고, 또 어떤 직원은 상사와 농담을 주고받는 사이다. 관계는 친밀도와 관련이 있지만 친밀도와 상관없이 서로 대등한 관계가 있고 완전히 주종관계인 경우도 있다.

회사에 신임 팀장이 새로 부임해왔다. Y 대리는 개인적인 일이 있어 휴가를 신청했다. 새로운 팀장은 선뜻 결재했다. 다음에도 또 휴가 결재를 올리자 이번에는 팀장이 무슨 일이냐고 물었다. 또 휴가 결재를 올리자 무슨 일이냐고 묻고는 꼭 휴가를 내야 하느냐고 물었다. 그 다음에는 휴가 결재를 올리자 주말에 처리해도 될 일을 왜 휴가까지 내느냐고 결재를 거절했다. 그 다음에는 휴가 얘기를 꺼내자 듣지도 않았다. 그 후로 Y 대리는 휴가 낼 엄두를 낼 수 없었다.

또 다른 예로 회사에 신임 팀장이 왔다. 팀장은 야근하는 L 과장에게 와서 일찍 들어가라고 했다. 며칠 후 신임 팀장은 야근하는 L 과장에게 일이 많으냐고 물었다. 몇 달이 지난 후 팀장은 L 과장이 칼퇴근하는 모습을 보자 다음날 팀원들을 모아놓고 "과장들은 밑에 있는 직원에게 모범을 보이라."고 했다. 하지만 그 말을 한 그 다음날에도 L 과장이 칼퇴근을 하자 팀장은 과장이나 된 사람이 사원처럼 행동한다며 심하게 질책했다. L 과장은 꾸중을 듣고 퇴근시간 1시간 후에 퇴근을 했다. 그 후 팀장은 L 과장에게 앞으로 팀장 퇴근 전에 절대로 퇴근하지 말 것이며 토요일에도 사무실에 나오라고 했다. 그리고 토요일 오전에 전화해서 오후에 사무실에 나오라고 했다.

마지막으로 어느 회사에서 있었던 일이다. 한 신임 팀장이 왔다. 처음에는 S 차장에게 깍듯이 높임말을 썼다. 시간이 흐르자 팀장은 S 차

장에게 높임말을 사용하지 않았다. 시간이 흐르자 막말을 하기 시작했다. 더 시간이 흐르자 팀장은 'X새끼'라는 말까지 서슴지 않았다.

사람 관계는 한 번 밀리기 시작하면 그대로 고착되는 경향이 있다. 상사와의 관계에서 부하 직원이 밀리는 것은 어쩔 수 없지만 상사와의 적절한 긴장을 형성해 너무 밀리지 않는 것도 중요하다. 밀릴 때 밀리더라도 대책 없이 밀려서는 안 된다. 한두 번 적당할 때 브레이크를 걸어주는 게 필요하다. 최소한 밀리더라도 속도는 늦춰야 한다. 상사와의 관계에서 처음부터 완전히 밀리면 직장생활 내내 끌려다니게 된다.

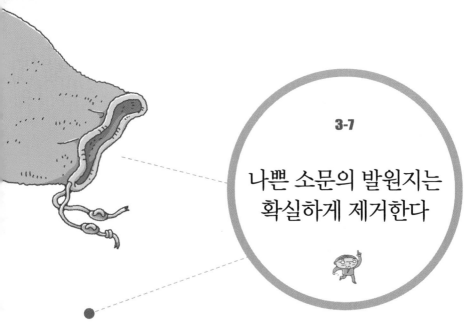

나쁜 소문의 발원지는 확실하게 제거한다

백조구이가 될 뻔한 백조

마을에 잔치가 있었다. 부자는 여러 마리의 거위와 백조를 기르고 있었다. 저녁이 되어 흥이 오르자 부자는 손님들을 위해 거위구이를 내놓기로 했다. 그런데 밤이 늦어 거위를 잡는다는 것이 잘못 보고 백조를 잡아온 것이다. 백조는 꼼짝없이 오리구이가 될 상황이었다. 죽음을 앞둔 백조는 운명을 직감하고는 구슬프게 울었다. 백조의 목을 비틀려던 주인은 백조의 울음소리를 듣고는 자신의 실수를 알게 됐다. 주인은 즉시 백조를 놓아주었다. 백조는 자신의 울음소리 때문에 목숨을 구한 것이다.

만약 동료 중에서 나에 대해 안 좋은 이야기를 하고 다니는 사람이 있다면 어떻게 해야 할까? 심지어 그 사람은 팀원끼리 얘기한 내용을 팀장에게 이르기도 한다. 직원들이 팀장에 대해 뒷담화 하는 것조차 그대로 고자질한다. 심지어 거짓말로 궁지에 몰아넣기도 한다. 가만히 있자니 억울하고 얘기를 하자니 회사에서 문제를 일으키는 게 부담스럽다.

　　최근 P 부장은 황당한 일을 당했다. 부서원의 사기가 많이 떨어져 법인카드로 저녁을 먹고 노래주점에 갔다. P 부장은 직원들과 노래주점에 간 게 문제가 될 것 같아 접대비로 처리했다. 그런데 옆 부서의 K 차장이 이 사실을 알고 사장에게 알렸다. P 부장이 직원들과 노래주점에 간 사실, 그리고 허위 결재를 올린 사실이 밝혀졌다. 물론 부서원과 저녁식사를 한 것을 접대비로 처리한 것이 정당하지는 않았지만 자신

과 아무런 관련도 없는 일을 사장에게 고자질한 K 차장을 용서할 수 없었다.

C 차장은 자신과 관련된 금품수수에 대한 소문 때문에 골머리를 썩이고 있었다. 경쟁관계에 있는 K 차장이 팀원들에게 "C 차장이 업체로부터 돈을 받았다."는 소문을 내고 다니는 것을 알았기 때문이다. 민감한 문제라 어떻게 대응해야 할지 이만저만 고민이 되는 게 아니다. 가까운 동료에게 자문을 구했더니 "본인만 떳떳하면 된다. 원래 K 차장은 나쁜 말을 잘하는 스타일이므로 괜히 문제를 공개하면 오히려 피해를 볼 수도 있다."고 조언했다. 그렇지만 사태는 그렇게 간단하지 않았다. 소문도 소문이지만 명예에 심각한 타격을 받은 C 차장은 자신의 모든 행동이 불편하고, 루머에 신경이 쓰여 괴롭기만 했다. C 차장은 K 차장을 만나 그 일에 대해 따졌다. 그러나 K 차장은 사과는커녕 "내가 지어낸 얘기가 아니라 다른 사람이 그런 얘기를 했다."며 오히려 문제를 확대하면서 발뺌을 하고 자신을 의심했다는 사실에 불쾌한 반응을 보였다. 그리고 며칠 후 C 차장은 K 차장이 사장에게 자신과의 일을 논의한 것도 알았다.

C 차장은 냉정하게 대응했다. 전 직원이 모이는 워크숍 시간에 공개적으로 자신과 관련된 소문에 대해 규명하라고 K 차장에게 요구했다.

적극적으로
해명하라
안 그러면
그렇게 보인다

그리고 소문으로 떠도는 내용을 정리해서 보고했고, 소문을 낸 사람에 대해서도 밝히라고 요구했다. 그리고 소문의 진원지로 K 차장을 지목했다. 공식적인 워크숍 자리에서 해명을 요구받은 K 차장은 근거를 대지 못하고 횡설수설하다가 사장으로부터 큰 질책을 받았다. 이 일 이후 K 차장은 회사에서 '질이 좋지 않은 사람'이라는 평판을 얻었고, 직장 동료들의 경계 대상 1순위가 됐다.

회사에서 윤리적으로 나쁜 소문이 나면 확실한 해결책을 찾아야 한다. 비정상적인 소문은 대응하지 않으면 눈덩이처럼 커진다. 어느 조직에서든 나쁜 소문을 퍼뜨리는 독버섯과 같은 존재들이 있기 마련이다. 가만히 그대로 놔두면 나에게 큰 상처를 입힐 수 있다. 공개적으로 대응하고 확실하게 문제의 발원지를 깨끗이 해야 할 필요가 있다.

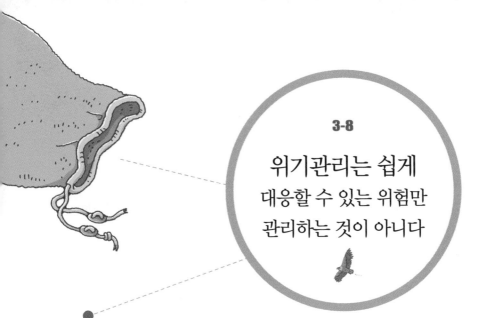

3-8

위기관리는 쉽게 대응할 수 있는 위험만 관리하는 것이 아니다

애꾸눈 사슴의 죽음

한쪽 눈만 보이는 애꾸눈 사슴이 있었다. 한쪽 눈이 보이지 않다 보니 맹수로부터 안전할 수 있는 바닷가에서 나뭇잎을 따먹는 것을 좋아했다. 그러던 어느 날, 앞이 보이는 눈은 맹수가 나올 수 있는 숲으로 향하고, 안 보이는 눈은 맹수가 없는 바닷가 쪽을 향하게 한 상태에서 나뭇잎을 따먹고 있었다. 그때 바다 멀리서 배 한 척이 지나가고 있었다. 배에는 사냥꾼이 타고 있었는데 사냥꾼은 바닷가에 바짝 붙어서 나뭇잎을 뜯는 사슴을 발견했다. 사냥꾼은 천천히 사슴이 있는 쪽으로 와 활을 쏴서 사슴을 쓰러뜨렸다. 사슴은 가냘픈 숨을 헐떡이며 죽음을 맞았다.

이 이야기는 애꾸눈 사슴이 육지나 바다 양쪽에서 자신을 노리는 사냥꾼이 있다는 사실을 간과해서 죽음을 맞게 됐다는 내용이다. 즉 자신의 신체적 특징에만 몰두해 상대적인 약점인 바닷가 쪽을 전혀 대비하지 못해서 나온 결과다.

많은 직장인들이 위기관리를 한다면서 정작 결정적 위기를 관리하지 않는다. 회사에서 고과를 잘 받고 승진하기 위해 영어는 잘 공부를 하지만 정작 갑작스러운 구조 조정으로 회사를 그만두게 될 상황은 대비하지 않는 경향이 있다. 승진 못하는 것이 위험한지, 갑자기 회사를 그만두는 것이 위험한지, 한번 생각해보라. 직장인 중에 이직을 하려면 현 직장에 근무하고 있을 때 회사를 알아보라는 말은 모르는 사람이 없을 것이다. 그리고 많은 직장인이 현직에 있을 때 이직을 한다. 그런데 아직도 많은 직장인이 퇴직(실직)한 상태에서 구직을 한다. 직장이 있는 상태에서 움직이면 스카우트가 되지만 퇴직 상태에서 구직을 하려면 어려움이 많이 따른다. 연봉 협상에서 자신의 주장을 전혀 할 수 없을 뿐 아니라 직급도 올리기 어렵다. 왜 이런 기본 원칙도 지킬 수 없는 걸까? 그것은 지금 당장 눈앞에서 자신을 괴롭히는 상사, 괴로운 현실, 희망 퇴직금만 보이기 때문이다. 중요한 부분이라 다시 한 번 강조한다. 이직은 스카우트여야 하지 구직이 돼서는 안 된다.

부장이 임원 승진을 위해 물불 가리지 않는다고 가정해보자. 팀원을 달달 볶아서 한 푼이라도 더 벌고, 덜 쓰게 하는 데 목숨을 건다. 그러나 승진을 하려면 실적을 좀 더 내는 것으로는 안심할 수 없다. 창의력과 도전정신을 발휘해 신규 사업을 만들어내는 것이 더 확실한 방법이다. 부장만 벌써 6년 차인데도 협력업체를 몰아붙여 단가를 깎는 데 목숨을 거는 사람이 있다. 정년이 얼마 남지 않아 퇴직하는 그날까지

실무에서 담당자로 일하는 것이 여러 가지로 미담이 되겠지만 미담은 미담일 뿐. 자신이 원하는 것이 새로운 직장과 사업 아이템이라면, 회사가 어려워 앞날이 어떻게 될지 장담할 수 없는 상황이라면, 헤드헌터 몇 사람과는 유기적인 관계를 유지하면서 협력업체와도 신뢰 관계를 형성해 업계 동향을 회사 사정만큼 통달하고 있어야 한다. 그렇게 해야 불안해지지 않을 뿐 아니라 현재 업무에도 집중할 수 있다.

많은 직장인이 위기관리를 한다면서 대처할 수 있는 위험만 대비하는 경향이 있다. 위기는 자신이 처해진 조건과 능력으로 대처하기 어려운 상황을 말한다. 직장인의 70%가 회사에서 잘리게 되는 상황을 걱정한다고 한다. 단 15%만이 그런 걱정을 하지 않는다. 최악의 상황 즉, 회사에서 잘리는 상황을 항상 대비해야 한다. 그렇다고 매일 최악의 상황을 대비하라는 얘기가 아니다. 사슴이 바닷가를 조금만 의식했다면 천천히 다가오는 배를 보고 사냥꾼을 피할 수 있지 않았을까.

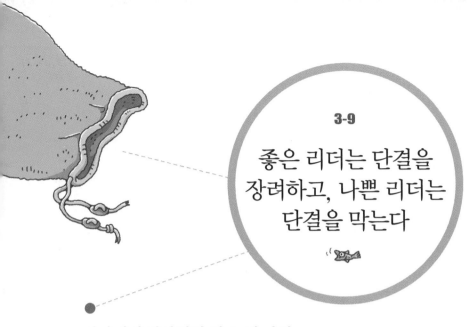

좋은 리더는 단결을 장려하고, 나쁜 리더는 단결을 막는다

사자에게 잡아먹힌 황소 세 마리

사이가 좋은 황소 세 마리가 있었다. 그러나 그들 주변엔 항상 황소들을 노리는 사자가 맴돌고 있었다. 사자가 그 중 한 마리에게 달려들었으나 다른 황소들이 똘똘 뭉쳐 사자를 물리쳤다. 또다시 기회를 틈타 사자가 황소들에게 달려들었으나 매번 황소들은 서로 힘을 합쳐 사자를 물리쳤다. 이번에 사자는 방법을 바꿨다. 황소를 개별적으로 만나 세 마리의 황소를 서로 이간질했다. 그때부터 황소들은 서로 의심하고 질투하기 시작하면서 같이 어울리지 않게 됐다. 이때 사자가 다시 황소 한 마리에게 달려들었다. 아무도 도움을 주지 않아 그 황소는 사잣밥이 되고 말았다. 나머지 황소들도 같은 신세가 되고 말았다.

입사 동기나 같은 직급에 있는
동료는 서로에 대한 이해가 높아서 쉽게 친해진다. 팀
조직은 인사관리자인 팀장과 팀원으로 구성돼 있기 때
문에 보통 사내에서 일어나는 대립관계는 팀장과 팀원
관계가 일반적이다. 팀장과 팀원의 일정한 대립은 조직
에 활력을 불어넣는 역할을 한다. 그리고 팀장은 이런
대립관계를 수용할 필요가 있다. 자기를 키워준 부모에
대해서도 이러쿵저러쿵하는 마당에 인사권자로서 승진
과 고과를 결정하는 팀장에 대해 몇 마디를 하는 것이
무슨 흠이 될까? 그런데 어떤 팀장은 팀원들을 서로 대
립하게 만들어 팀워크를 저해하는 상사가 있다. 팀원이
단결하지 않는 팀은 잘 되기 어렵다. 특히 위기 상황에
서의 대처 능력이 현저하게 낮아지고, 자중지란(自中之
亂)하는 팀이 되고 만다.

　　K 회사에서 있었던 일이다. 한 팀에 세 명의 과장이
있었다. 서로 나이도 비슷하고 성격도 무난한 사람들이
었다. 한 사람은 매우 성실한 사람이었고, 한 사람은 기
획 능력이 뛰어났고, 한 사람은 영업 능력이 뛰어난 사
람이었다. 이 세 사람이 조화롭게 일할 때는 팀 분위기
도 좋고 실적도 좋았다. 팀원들이 팀장보다는 세 명의
과장을 더 따른다고 생각한 팀장은 과장을 한 명 한 명
씩 만나 다른 과장들에 대해 나쁜 이야기를 하기 시작했
다. P 과장에게는 J 과장이 머리가 나쁘고 시키는 일만
하는 사람이라고 얘기했다. J 과장에게는 K 과장이 굳은

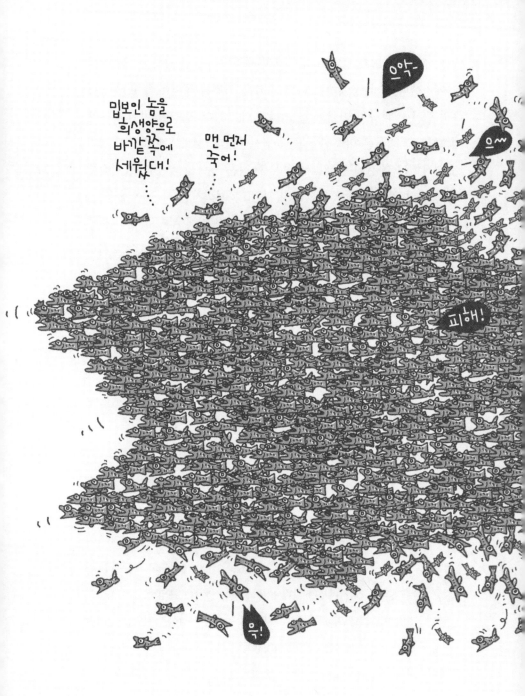

일은 하지 않으면서 성과는 자기 혼자 챙기면서 잘난 척하는 사람이라고 얘기했다. K 과장에게는 다른 과장은 키워줄 생각이 없고 앞으로 우리 팀은 K 과장이 이끌고 갈 거라고 얘기했다. 팀장이 이런 얘기를 계속하자 과장들은 마음이 흔들리기 시작했다. 서로에게 반감이 생기기 시작했고 예전에는 생각지도 못한 작은 일에도 부딪히기 시작했다. 당연히 업무 협조도 원활하지 않았고, 예전처럼 퇴근 후 술을 한잔하는 일도 없어졌다. 시간이 흘렀다. 팀장은 다른 부서로 옮기게 됐고 새로운 팀장이 왔다. 신임 팀장의 눈에 비친 과장들의 모습은 서로 냉담하고, 경계심을 잔뜩 세운 이상한 모습으로 보였다.

좋은 리더는 조직원이 단결하도록 도와주고, 나쁜 리더는 조직원이 단결하는 것을 막는다. 타인에 의해 좋은 관계가 망가지고 적대적인 관계가 되는 일은 너무나 많다. 이간질하는 사람은 분명히 나쁜 사람이지만 이간질에 의해 동료와 적대적인 관계를 형성하는 사람은 멍청한 사람이다. 포식자들도 약한 먹잇감들이 서로 뭉쳐 있으면 공격하지 못한다. 동료와 단결하여 자신을 보호하라.

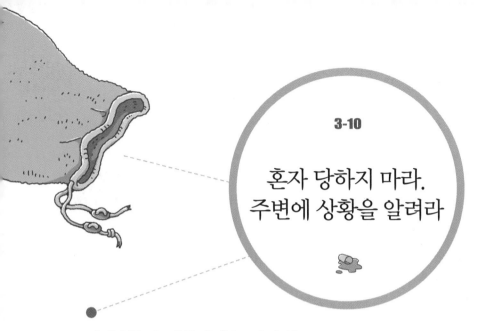

혼자 당하지 마라.
주변에 상황을 알려라

피리 부는 늑대와 춤추는 어린 양

어린양 한 마리가 무리와 떨어져 놀고 있다가 늑대에게 잡혔다. 잡아
먹힐 위기에 처한 양은 늑대에게 "죽는 마당에 춤이라도 추다가 죽게
해달라."고 부탁하면서 피리를 내밀었다. 늑대는 피리를 불기 시작했
고 어린양은 춤을 췄다. 그때 피리 소리를 듣고 양을 지키던 개들이 달
려와 늑대를 쫓아냈다. 늑대는 도망치면서도 먹잇감을 눈앞에 두고
피리를 분 자신을 참 한심한 늑대라고 생각했다.

조직원이 30명인 임원의 다이어리에 대해 이야기하려고 한다. 참고로 이 다이어리는 개인의 일기장 수준이라 서랍 바닥에 감춰두고 열쇠까지 잠가놓았다. 한 번은 임원이 책상 위에 다이어리를 놓고 나온 걸 알고(별도 방이 있는 임원임에도) 중요한 약속을 연기하고 사무실로 들어올 정도로 보안 등급이 높은 다이어리다. 이 다이어리에는 조직원을 주기적으로 깨기 위한 계획이 적혀 있고, 조직원의 약점과 단점이 빼빽하게 기록돼 있다. 월요일 오전 8시 40분에 항상 출근시간에 맞춰오는 Y 과장의 휴대전화로 전화해서 "내 방으로 들어오라."고 하기. 아직 출근하지 않았다면 과장이라는 사람이 출근시간 땡 치면 들어오느냐고 깨주기. 월요일 오전 주간회의 마치고 L 차장에게 프로젝트 수주 실패한 원인을 불성실이라고 말하고 이번 주 외근 계획 가져오라고 지시하기. 화요일 오후 C 차장을 불러 "K 과장 얘기가 당신 요즘 일 열심히 안 하고 온종일 인터넷 검색하고 개인 블로그 관리만 한다."고 얘기한 것 전해주기. 수요일 오후 5시 30분 P 사원이 칼퇴근 하지 못하게 불러서 업무 지시하기. 목요일 점심에 Y 과장 빼고 과장들하고 점심 식사하기. 목요일 저녁 6시 20분 영어 학원 가는 B 대리에게 업무 보고 하라고 전화하기. 금요일 오후 4시쯤 C 차장에게 전화해서 외근 마치고 사무실로 들어오라고 전화하기. 만약 외근 위치가 사무실과 멀어서 못 들어온다고 하면 '당신이 대리냐!'고 면박주기. 금요일 오후 5시 평소 빼질대는 D 과장(2, 4주 토요일 애들 학교 안 가는 날. 초등학생 자녀 2명을 둔 과장)에게 토요일 날 사무실에 나오라고 얘기하고 애들 때문에 못 나온다고 하면 '사원만도 못한 정신자세'라고 혼내주기.

극단적인 예라고 할 수 있지만 상사 중에는 계획과 목표를 가지고 부하 직원의 약점을 잡아 괴롭히는 사람이 있다. 예에 나온 Y 과장, L 차장, K 과장, P 사원, C 차장, B 대리, D 과장이 임원의 작전을 알고 있었다면 맥없이 당하고 있지만은 않았을 것이다. 또한 임원과 자기

와의 관계가 둘 만의 문제가 아니라 다른 동료들도 똑같은 방식으로 관리당하고 있음을 안다면 주말 내내 괴로워하고 자괴감이 들지 않을 것이다. 동료와 공유하면 해결될 문제를 혼자서만 끙끙 앓다가 계속 당하고 마는 것이다.

조직에서 부당한 괴롭힘을 당하고 있다면 주변에 알려 도움을 받아라. 상사의 일방적인 괴롭힘을 당하고 있다면 이 일을 상사와 자신의 일로만 파악하는 것은 현명하지 못하다. 두 사람 사이에 있었던 부당한 관계를 남들도 알고 있을 것이라 생각하지 마라. 상사는 부하 직원과 있었던 일을 회사 직원들이 아는 걸 두려워한다. 그렇다고 대놓고 떠들고 다니면 상사로부터 직접적인 공격을 받을 수 있다. 다만 여기서는 이 말, 저기서는 저 말 하는 상사가 있다면 그의 행동을 모두가 알게 하라. 상사가 좋아하는 말로 긴장을 풀게 한 다음, 긴장이 풀려 있을 때 자연스럽게 둘 사이에서 있었던 일을 모두가 알 수 있도록 이야기하라.

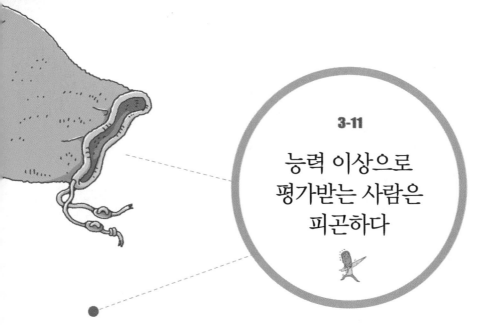

능력 이상으로 평가받는 사람은 피곤하다

사자와 황소개구리의 결투

어느 날, 동물의 왕 사자가 숲 속을 쩌렁쩌렁 울리는 황소개구리 울음소리를 들었다. 태어나 처음 황소개구리 울음소리를 들은 사자는 '대체 저렇게 큰 울음소리를 내는 동물은 뭐지.' 하며 잔뜩 경계를 했다. 자기를 위협하는 듯한 울음소리에 화가 난 사자는 큰소리로 으르렁거리며 소리가 나는 쪽으로 갔다. 호숫가 근처에 가 보니 거기에는 황소개구리 한 마리가 시끄럽게 울어대고 있었다. 사자는 냅다 쫓아가 황소개구리를 발로 밟아버렸다.

직장에서 자신의 역량보다 저평가되는 사람이 있다. 어느 정도 상위권의 역량을 갖추고 있는데도 불구하고 보통 수준으로 평가되거나, 보통 수준의 역량을 가지고 있는데 낮은 수준으로 평가되는 경우가 그렇다. 요즘의 직장은 전문성이 중요하기 때문에 오랜 기간 같은 부서에서 일하고, 직원들의 역량도 비교적 정확하게 파악되는 데 유독 저평가되는 사람은 왜 그럴까? 이유는 기대했던 수준보다 떨어지기 때문이다. 기대수준이 떨어지는 이유는 잘난 척하기 때문인 경우가 많다.

신임 팀장이 왔다. K 과장이 업무 보고를 하는데 자기가 맡은 업무는 물론 산업 동향, 경쟁사의 장단점까지 보고한다. 처음 업무를 맡는 팀장이 보기에 K 과장은 실력자로 보인다. 한 달 정도 지나 팀장이 업무 전반을 파악하고 팀원의 능력도 거의 파악이 될 즈음, 처음 업무보고를 받았을 때 기대했던 K 과장의 수준과 업무 파악이 끝난 상태에서 본 K 과장의 능력은 차이가 컸다. 팀장의 눈에는 K 과장이 가볍게 보이고 기대감이 생기지 않았다. 오히려 처음 업무 보고를 받았을 때 큰 기대를 하지 않았던 다른 팀원은 일을 하면 할수록 듬직해보이고 기대감도 생긴다.

협력업체나 경쟁사 직원도 이런 경우가 많다. 처음에는 그 사람의 지적 수준과 능력이 대단해보이다가 알면 알수록 말만 잘할 뿐 별다를 것 없는 사람이 그렇다. 이런 사람은 오랜 관계를 맺는 사이 왕따가 되기 쉬운 스타일이다. 조직에서 자신의 역량보다 말과 행동이 크게 드러나는 사람은 조심해야 한다. 자신의 지위와 권한에 비해 과하게 외부에 비치는 것은 본인의 의사와는 무관하게 남을 속이는 결과가 된다. 특히 비즈니스 현장에서 치열하게 경쟁하는 위치에 있는 경우 소

리만 요란할 뿐 실속이 없으면 보다 강한 상대방에게 패할 수밖에 없다. 완벽하게 준비한 상대방과 경쟁하려면 어려운 싸움을 피할 수 없다. 조직에서 높게 평가되던 사람이 막상 어떤 일에서 역량 부족으로 장렬히 전사하는 경우를 쉽게 볼 수 있다.

실력 없는 요란함으로 경계 대상이 되지 마라. 소리가 요란하면 잘하는 것도 평범해보이고, 못하면 정말 능력 없는 허풍선이로 오인해 가까이하지 않으려 한다. 요즘 세태가 없는 역량도 있어 보이게끔 포장하는 능력도 역량이라 하지만 능력이 부족한 사람이 과하게 포장되면 상대방의 실망도 큰 법이다. 주변 동료 중에 능력 있는 사람들이 어떻게 처신하는지 살펴보라. 나 잘났다고 떠드는 사람이 있는지.

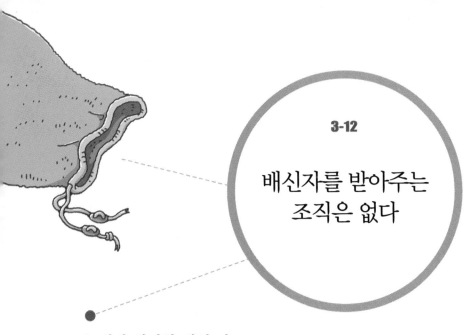

배신자를 받아주는 조직은 없다

늑대와 협력한 개의 죄

양들을 지키는 개들이 있었다. 하루는 늑대 무리의 대표가 개들에게 와서 제안했다. "개와 늑대는 원래부터 한 뿌리다. 우리 늑대들은 어디든 다닐 수 있고 맛있는 양고기도 마음껏 먹는데 너희 개는 인간에게 길들여져 야생성을 잃어버리고 인간이 주는 '개밥'이나 먹는 신세로 전락했다. 우리(늑대)와 협력하면 너희도 자유와 맛있는 고기를 먹을 수 있다." 개들은 자체 회의를 거쳐 늑대들을 양떼 우리로 들어가도록 협조해주었다. 그러나 양떼 우리로 들어간 늑대들이 제일 먼저 한 일은 개들을 모두 물어죽이는 것이었다.

조직의 생리를 아는 사람이라면 회사와 동료를 배신하면 더는 조직에서 생존하기 불가능하다는 사실을 잘 알고 있다. 직장생활에서 경계해야 할 것 중 하나가 외부 사람과 협력할 때는 일정한 선을 지키는 것이다. 보통 외부 사람은 비즈니스를 제외하고는 동료와 같은 이해관계가 성립되지 않는다. 동료 관계는 비즈니스가 아닌 위계, 평가, 보상, 신뢰, 평판 등 다양한 관계가 형성되기 때문에 신경 쓸 일도 많고 조심해야 할 일도 많다. 그러다 보니 대외 업무를 하는 사람들은 동료보다 외부 사람과 쉽게 친해지는 경향이 있다. '갑'인 사람이 '을'인 협력업체 직원과 가까운 사이가 되는 경우가 많다. 요즘은 사회 분위기가 술 먹고, 돈 주고, 이권을 챙기는 기브 앤 테이크(Give & Take) 관행이 줄어들었지만 외부 사람이 비즈니스를 목적으로 금전, 취업, 이권을 제공하겠다며 내부 정보를 요구하거나 도와달라는 부탁은 여전히 존재한다. 그런 유형의 사람들의 레퍼토리는 정해져 있다. '좋은 게 좋은 거다.' '힘 있을 때 도와야지 어려울 때 도움받는다.' '천년만년 그 자리에 있는 것은 아니다.'는 말을 많이 한다. 외부 업체와 부드럽게 일하는 것은 중요하다. 하지만 꼭 잊지 말아야 할 것은 회사를 그만둘 각오라 하더라도 조직을 '배신'하는 것은 바람직하지 않다.

업계에서 실력자로 통하는 K 부장이 중견 업체에 임원 자리가 생겨 서류심사를 통과해 사장과 인터뷰하게 됐는데 그가 충격적인 질문을 했다. 지금 다니는 회사의 이전 직장에서 업체에 이권을 주고 뇌물을 수수한 일이 있느냐는 것이다. K 부장은 청렴한 사람이라 사실이 아니라고 얘기했다. K 부장은 인터뷰를 마치고 나오면서 왜 이런 질문을 받았는지 생각해봤다. 이전 직장을 퇴직하고 나올 때 회사에서 협력

조직을
배신한 자를
받아주는
곳은
지구상 어디에도
없다
예수님조차
배신한 유다를
용서하지
않았다는
사실…

업체에 K 부장이 업무상 비리 사실이 있는지 확인했다는 사실이 떠올랐다. K 부장의 스카우트는 실패했다. K 부장이 비리를 저지르지는 않았지만 비리와 관련된 소문이 있는 사람에 대해서는 냉정한 잣대를 들이대는 것이 우리 기업의 현실이다.

조직을 배신하지 마라. 조직을 배신한 사람을 받아주는 조직은 없다. 특히 동료와 조직을 배신하게 만드는 늑대 같은 사람에게 당하지 마라. 제일 먼저 당신을 제거할 사람이다.

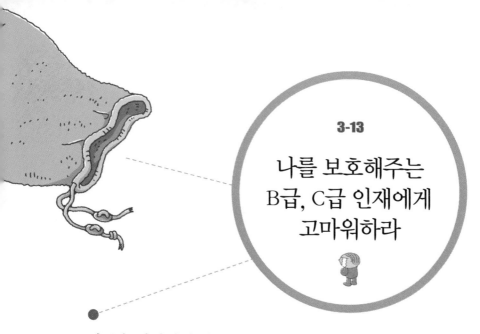

3-13

나를 보호해주는 B급, C급 인재에게 고마워하라

덩굴을 먹어버린 사슴

사슴 한 마리가 사냥꾼에게 쫓기고 있었다. 도망을 치던 사슴은 무성한 덩굴을 보고 잽싸게 덩굴 속으로 숨어버렸다. 사냥꾼은 사슴이 사라진 덩굴을 지나쳐 여기저기 사슴을 찾고 있었다. 사슴은 사냥꾼을 따돌렸다는 생각이 들기 시작하자 슬슬 배가 고파지기 시작했다. 사슴은 자신을 가려주고 있는 덩굴 잎을 하나씩 따먹기 시작했다. 결국 사냥꾼은 덩굴 사이에서 덩굴 잎을 먹는 사슴을 발견하자마자 화살을 쏴서 사슴을 잡을 수 있었다.

직장에서 잘리지 않는 방법은 간단하다. 열 명의 팀원이 있다. 1등 혹은 2등을 해야 안전한 게 아니다. 오히려 1, 2등 하기 위해 온갖 고난을 감수하며 적을 양산하다가 결국 준비도 되지 않은 상태에서 장렬하게 전사하는 수가 있다. 조직에서 5, 6등을 해도 생존하는 데 지장 없다. B급 인재라는 보통의 직장인들 대다수가 오늘도 조직에서 꿋꿋하게 생존하고 있다. 이것이 B급 인재가 살아남는 생존법이다. 한 명을 자른다면 자기 밑에 한 명만 있으면 된다. 두 명을 자른다면 자기 밑에 두 명만 있으면 된다. 설령 세 명을 자른다고 하더라도 자기 밑에 세 명만 있으면 된다. 반을 자른다면 곧 망할 회사니까 순서 챙기지 말고 오라는 데 있으면 기회 놓치지 말고 빨리 옮기는 게 좋다.

생존하는 게 목적이라면 굳이 1, 2등 하겠다며 아등바등할 필요 없다. 직장에서 생존하는 방법은 잘리는 사람 바로 위에 있으면 된다. 생존을 위해서는 자신의 주변에 모두 일 잘하는 핵심 인재가 있어야 하는 것은 아니다. 오히려 핵심 인재 때문에 당신이 먼저 회사를 나가게 될 수도 있다. 당신이 사장(월급사장 말고 오너)이라면 모를까 모두가 일 잘하는 정예 요원이라면 오히려 직장인에게는 위험한 상황이다. 분위기 파악 못하고, 업무 능력 떨어지고, 커뮤니케이션이 약한 동료와 함께 일하고 있다면 그 사람에게 고마운 마음을 가져라. 당신이 생존하는 데 없어서는 안 될 고마운 존재들이다. 기회가 될 때마다 격려해주고, 칭찬해주고, 직장생활 오래하도록 도와줘라. 나를 보호해주고 지켜주는 덩굴과 같은 존재들이다. 팀장이나 사장이 그 사람에 대해 묻거든 조직을 위해 꼭 필요한 사람이라고 대답하라. A급 인재는 사장이 좋아하는 사람이다. B급 인재는 조직에 필요한 사람이다. C급 인재는

생존을 위해 당신 옆에 꼭 있어야 하는 사람이다. 당신이 경계하고 조심해야 할 사람은 A급 인재와 A급 인재로 진입하는 B급 인재이지 C급 인재가 아니라는 사실을 명심하라.

조직에는 자신을 보호해주는 덩굴과 같은 존재가 있다. 조직 내에서 함께 일하는 것만으로도 도움이 되는 사람이다. 부하 직원, 상사, 동료 중에 이런 사람들이 있다면 기회가 닿을 때마다 잘 대해줘라. 직장에서 혼자 실적 차지하면서 독야청청하는 사람은 사냥꾼의 표적이 된다. 더구나 직장에는 보이는 사냥꾼보다 보이지 않는 사냥꾼이 더 많다. 보통의 직장인이라면 주변에 덩굴도 있고, 잡목도 있고, 잡초도 있어야 숨을 곳이 많아 좋은 환경이다. 허허벌판에 나 홀로 서 있으면 표적이 되기 쉽다. 보통의 직장인이여! 덩굴 속에서 생활하라.

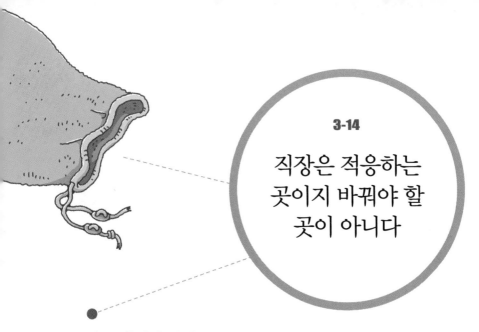

3-14

직장은 적응하는 곳이지 바꿔야 할 곳이 아니다

가죽 냄새와 부자

부자 할아버지가 있었다. 어느 날 이웃에 가죽쟁이 남자가 이사를 왔다. 마당에는 각종 동물의 가죽이 핏물과 함께 놓여 있는데 눈으로 보기에는 완전 가관이었다. 보이는 모습이야 대문을 잠그고 있어 안 보면 그만이지만, 가죽이 마르면서 나는 냄새는 참을 수 있는 수준이 아니었다. 냄새 때문에 견딜 수 없었던 부자 할아버지는 은화 100개를 줄 테니 이사를 하라고 요구했다. 가죽쟁이 남자는 은화를 더 주면 이사 가겠다고 버티면서 차일피일 시간을 보냈다. 시간이 흐르자 부자 할아버지는 가죽 냄새에 익숙해지게 됐고 굳이 은화를 주고 가죽쟁이를 이사하게 할 필요성도 느끼지 않게 됐다.

203

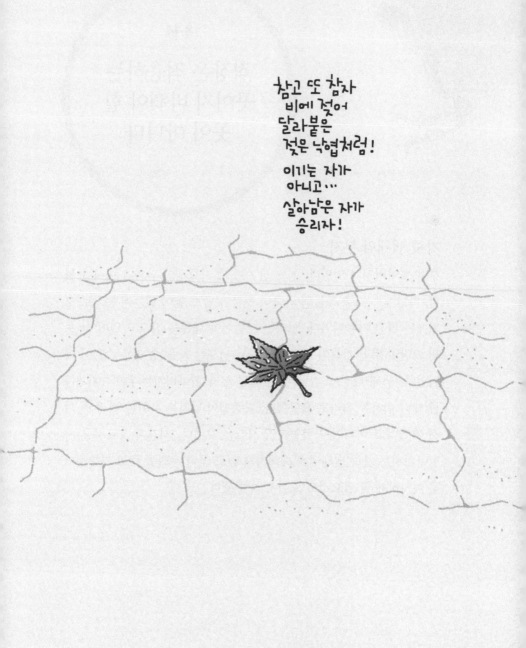

참고 또 참자
비에 젖어
달라붙은
젖은 낙엽처럼!

이기는 자가
아니고…

살아남은 자가
승리자!

직장생활은 끊임없이 일과 사람이 조직에 적응해
가는 과정이다. 회사 조직은 변화가 없으면 쇠퇴의 길을 걷게 된다. 그
래서 새로운 사람이 들어오고, 인재를 영입하고, 오래된 사람이 나가
고 퇴출된다. 팀장이 교체되고 새로 팀이 만들어지고, 팀원이 교체되
고 새로운 팀원이 들어온다. 대리가 과장이 되고, 과장이 차장·부장이
되고 부장이 임원이 된다. 임원이 본부장이 되고 사장이 된다. 회사 조
직은 사람이 끊임없이 떠나가고 새로 들어오는 상황이 계속된다. PC
에서 F5키를 누르면 '새로 고침'이 되는 것과 같이 버튼 한 번만 누르
면 '새로 고침'이 된다. 내가 아무리 한결같은 마음으로 평온한 직장
생활을 하고 싶어도 내 조건도 변하고 주변 환경도 빠르게 변하기 때
문에 직장생활에서 '멈춘 환경'은 기대하지 않는 게 좋다. 이렇게 변
하는 가운데 우리는 핏물이 뚝뚝 떨어지면서 핏물이 썩는 냄새, 무더
운 여름날 깨진 달걀에서 나는 역겨운 냄새가 나는 고약한 상황에 처
하는 경우가 있다.

　그러나 자연의 썩는 냄새보다 더 심한 건 나쁜 사람에게서 풍기는
역겨운 냄새다. 많지는 않지만 열 명 중 한 명꼴로 더러운 상사, 역겨
운 동료, 재수 없는 후배를 만날 수 있다. 피하고 싶지만 피할 수 없는
게 직장생활이다. 가장 좋은 방법은 적응하는 것이다. 그리고 가장 확
실한 해결책은 버티고 기다리면서 적응하는 것이 상책이다. 기업 환
경이 위기와 치열한 경쟁, 실적 달성과 원가 절감을 끊임없이 강조하
는 상황에서 옮기면 또 어디로 가겠는가? 설사 옮긴다고 그런 사람이
없다고 보장할 수 있는가? 직장인이라면 앞으로 살면서 직장 옮길 일
이 많다. 지금 현재 10년, 20년째 한 회사를 다니고 있는 사람도 명심

해야 할 게 있다. 삼팔선, 사오정, 오륙도 시대에 정년퇴직은 웬만하면 꿈꾸지 마라. '옮긴 회사에서의 정년퇴직' 이것 역시 꿈도 꾸지 마라. 한 번 회사를 옮기면 회사 옮기는 주기가 엄청나게 빨라진다. 옮긴 회사에서 10년 다니기가 지금 다니는 회사에서 정년퇴직하기보다 어렵다. 이제부터는 새로운 환경에 적응하는 법을 배워야 한다.

어떤 회사도 직원에게 회사를 맞춰주지 않는다. 직원에게 회사 운영을 맞춰야 하는 매우 특수한 상황의 사람이라면 이 책을 손에 잡을 일도 없을 것이다. 이 책을 읽고 있는 사람이라면 조직에서 참고 적응하는 법을 배워라.

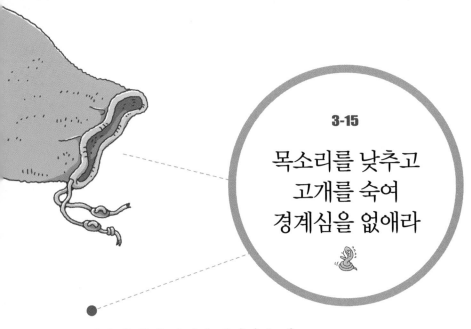

3-15

목소리를 낮추고 고개를 숙여 경계심을 없애라

당나귀 발에 턱뼈가 날아간 늑대

목장 근처에서 한가로이 풀을 뜯던 당나귀는 자신을 잡아먹으려 살금살금 다가오는 늑대를 발견했다. 그러나 이미 도망갈 수 없는 가까운 거리다. 당나귀는 다리를 절뚝거리다가 늑대를 보고 깜짝 놀란 척했다. 늑대는 당나귀에게 "넌 어쩌다가 불구가 됐니?"라고 물었다. 당나귀는 "목장 울타리를 넘다가 날카로운 가시가 발에 박혔다."라고 말하곤 "날 잡아먹을 때 목에 가시가 박히지 않도록 미리 **빼놓고** 먹으라."고 말했다. 당나귀는 다리를 들었고 늑대는 온 신경을 집중해서 당나귀 다리에 박혔다는 가시를 찾고 있었다. 바로 그때, 당나귀는 사정없이 늑대의 턱을 뒷발로 차버렸고, 늑대는 이가 몽땅 날아가 아픔 때문에 땅바닥을 데굴데굴 굴렀다.

A 과장은 팀장의 괴롭힘을 견딜 수가 없다. 하는 일마다 딴죽을 걸고 후배 앞에서 면박을 주기 일쑤질 않나, 대놓고 "믿을 수 없는 놈"이라고 한다. 주말 내내 팀장의 모습이 머리에서 떠나지 않는다. 요즘은 머리카락이 한 움큼씩 빠진다. 직장인에게 많이 발생하는 원형탈모증이다. 고민과 번민을 거듭하는 도중 인사 고과를 잘 받는 것을 포기하기로 했다. 한결 마음이 편해지면서 공격력까지 생겼다. 팀장과 자주 마찰이 빚어지고 동료 앞에서 말다툼도 몇 번 했다. 소위 '맞장'도 떴다. 그 결과 A 과장에게 돌아오는 것은 시도 때도 없는 경위서, 시말서 쓰기와 임원에게 문제 직원으로 찍히는 것뿐이었다. 연말에 고과도 최하위 고과를 받았다. 부당한 팀장에게 공격다운 공격 한 번 못해보고 정기 인사 때 지방 발령으로 그의 투쟁은 막을 내렸다.

B 과장도 팀장의 괴롭힘을 당하고 있다. 하는 일 없이 군림하고 자신이 해야 할 일을 부하 직원에게 떠넘기고, 성과는 혼자서 챙겨가고, 동료들을 이간질하는 등 조직에 있어서는 안 될 늑대 같은 유형의 사람이 바로 팀장이다. 항의도 해봤으나 결과는 좋지 않았다. 팀장은 파이터 기질이 있어 자신에 대한 공격을 용납하지 않았고 작은 문제 제기도 큰일로 비화해 시말서까지 쓰게 만들었다. 정면 승부로는 도저히 당해낼 재간이 없다. B 과장은 방법을 바꿨다. 팀장에게 모든 것을 맞췄다. 하고 싶은 말이 있어도 참았고 항상 고개를 숙였다. 그리고 가끔 책에서 배운 대로 팀장을 칭찬하는 센스도 발휘했다. 물론 팀장과 친구가 되거나 좋은 관계가 형성된 것은 아니다. 팀장은 B 과장의 태도 변화가 자신의 힘에 무릎을 꿇은 것이라고 착각하고는 전혀 경계하지 않았다. B 과장은 팀장이 자신에 대한 경계를 풀었음을 알고 있었

고, 팀장에 대한 각종 정보를 조심스럽게 입수했다. 그러던 중 팀 실적이 부진해 대책을 세워야 하는 상황이 발생했다. 팀장은 비겁하게도 계약직 직원들을 무더기 해고했다. 조직 안팎에서 팀장에 대한 비난의 목소리가 높았다. 어느 날 팀장이 술자리에서 아무 생각 없이 자신의 동생이 사장인 회사를 협력업체로 선정해 지금도 일하고 있다는 말을 툭 뱉었다. B 과장은 거래 내역을 추적했고, 일방적으로 동생 회사를 밀어준 사실은 확인했다. B 과장은 평소 관계가 좋은 감사팀장에게 이 사실을 알려주었다. 팀장은 인사 조치됐다. 똑같이 늑대 같은 상사 밑에 있었지만 한 사람은 지방 발령으로 막을 내렸고, 또 한 사람은 싸움에서 이겼다.

힘센 상대와의 정면 대결은 피하라. 목소리를 낮추고 고개를 숙여 경계심을 허물어라. 칭찬도 해줘라. 결정적인 기회가 왔을 때 한방에 날려버리는 거다.

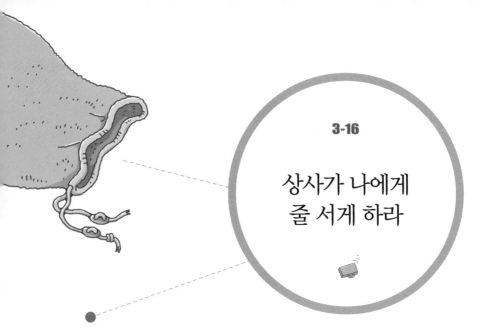

3-16

상사가 나에게
줄 서게 하라

사자 굴로 도망간 암사슴

암사슴 한 마리가 사냥꾼에게 쫓기고 있었다. 정신없이 도망가다가 동굴이 보이자 동굴로 뛰어들었는데 불행하게도 사자가 살고 있는 굴이었다. 사자는 암사슴이 동굴로 들어오는 것을 눈치채고 숨어서 기다리고 있다가 동굴 깊숙이 들어온 암사슴을 잡아먹었다. 암사슴은 죽기 전에 이렇게 말했다. "좀 더 도망갈걸. 동굴에 숨으면 살 줄 알았지. 겨우 사잣밥이 되자고 사냥꾼을 피했단 말인가."

조직에서 자신을 보호하기 위해 줄 서기를 하는 사람이 많다. 직장생활 처세의 첫 번째 원칙은 '줄 서지 마라.' 다. 오너 회사에 4명의 핵심 임원이 있다. A 임원은 능력이 출중하고 가장 파워풀한 사람이라고 평가받고 있다. B 임원은 능력은 있지만 오너와 좀 멀다는 소문이 나 있다. C 임원은 능력도 별로 없고 오너의 신임도 크지 않다고는 소문이 나 있다. D 임원은 외부에서 온 전문가로 조직에 거의 기반이 없는 사람이다. 당신은 어느 임원에게 줄을 설 것인가? A 임원이 조직에서 파워풀한 사람이니까 A 임원이라고 답한다면 틀렸다. 오너 입장으로 생각해보자. 조직에서 파워풀하다고 소문이 났다는 것은 오너가 힘을 실어주고 있다는 얘기다. 하지만 오너에게 필요한 사람이 누군지는 오너밖에 모른다. 다른 사람이 하는 얘기는 추정일 뿐이다.

오너는 자신의 필요에 의해 힘을 실어주었다가 다시 빼앗는다. 청소를 하는 빗자루는 청소할 때만 파워풀할 뿐 청소가 끝나면 아무렇게나 나뒹굴어 버려지거나 창고로 들어간다. 청소를 하는 빗자루는 싸리비가 됐다가, 진공청소기가 됐다가, 스팀 청소기가 되는 등 주인의 필요에 의해 끊임없이 바뀐다. 조직에서 어느 정도의 줄 서기는 있을 수 있다. 줄 서기를 하지 말라는 것은 명백한 줄 서기 즉, '누구 사람이다.' 라는 평가를 받지 말라는 의미다. 줄 서기를 잘하면 출세한다는 얘기도 믿지 마라. 유능하고 능력 있는 사람이 줄 서기를 잘못해 파워풀한 줄 알았다가 '팽'당한 임원과 운명을 같이하는 경우를 종종 볼 수 있다. 가만히 있었으면 승진하고 회사에서 중요한 역할을 할 사람인데 '누구 사람이다.' 라는 평판 때문에 생존이 위태로워진 것이다. 파워풀한 핵심 임원은 오너가 필요로 하는 용도가 분명한 사람이다. 용도가

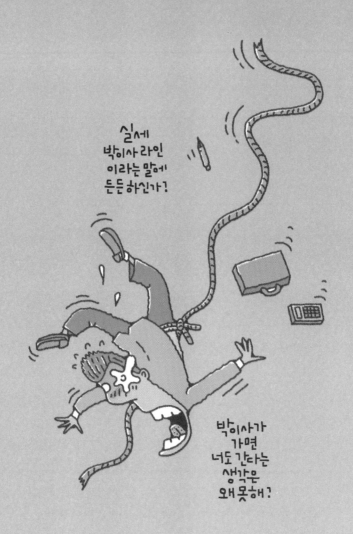

분명한 사람은 명이 짧다. 굳이 줄 서기가 필요하다면 회사에서 오래 갈 사람과 가까이 지내라. 그에게서 회사에 오래 다닐 수 있는 비법을 전수받을 수 있을 것이다.

직장에서 줄을 잘 서야 한다고 얘기하는 사람은 이미 틀렸다. 힘 있는 상사에게 줄을 섰다가 아무 잘못도 없이 상사와 운명을 같이하는 게 현명한 처신인가? 직장에서 성공하고 싶으면 일에 몰두하고 상사가 자신에게 줄 서게 하라. 상사는 성공해야 하기 때문에 유능한 부하 직원을 가까이 두고 싶어한다. 일 잘하고 인간관계가 잘 갖춰지면 주변에 사람이 모인다. 상사도 모이고, 동료도 모이고, 부하 직원도 모인다. 조직에서 생존하는 데 전혀 문제가 없다. 자기를 도와줄 수 있는 유능한 직원을 멀리할 상사는 없다.

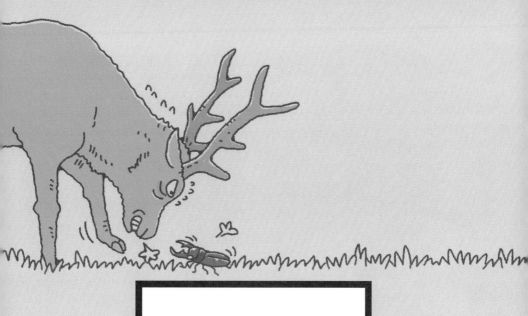

4장.
꼭 기억해야 할
'직장의 법칙'

Aesop's
Fables

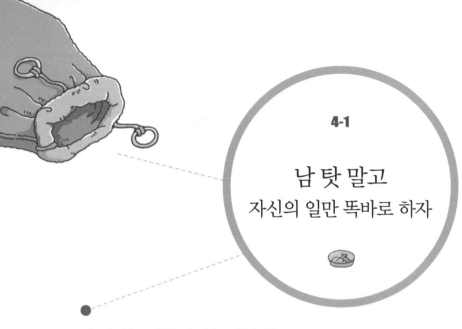

남 탓 말고
자신의 일만 똑바로 하자

집 지키는 개를 탓하는 사냥개

한 남자가 두 마리의 개를 기르고 있었다. 남자는 두 마리 중 한 마리는 사냥개로 키웠고, 한 마리는 집 지키는 개로 키웠다. 사냥개가 사냥해서 먹이를 가져오면 남자는 사냥개와 집 지키는 개에게 똑같이 먹이를 나눠주었다. 사냥개는 자기가 고생해서 잡은 먹이를 집에서 빈둥빈둥 노는 집 지키는 개와 나눠 먹는 게 화가 났다. 사냥개는 집 지키는 개에게 이를 드러내고 으르렁거렸다. 그러나 집 지키는 개는 "나는 주인이 주는 대로 먹이를 먹었을 뿐"이라며 꼬리를 흔들며 주인에게 가버렸다.

직장인 중에는 힘든 일을 하는 사람도 있고 편한 일을 하는 사람이 있다. 영업사원은 온종일 고객을 찾아 뛰어다니고 저녁에는 접대하고 새벽같이 회사에 나와 제안서를 쓴다. 하루 24시간이 모자랄 지경이라고 얘기한다. 반면에 지원부서에서 일하는 직장인은 보통 정시 퇴근을 하는 경우가 많다. 비가 오나 눈이 오나 바람이 부나 고객 만나고 설득하고 제안하는 영업사원은 혼자 모든 일을 다하는 게 아니다. 마케팅, 생산, 연구개발(R&D), 경영지원 등 각 부문에 관련된 담당자의 업무 지원을 받는다. 어렵게 영업을 하면서 지원 부서에 도움을 요청하면 거절받기 일쑤고 고객보다 내부 직원 상대하는 게 더 힘들다고 하소연한다. 그래서 영업사원들은 피해의식을 가질 수 있다. 더구나 실적이 나쁘면 나쁜 대로 깨지고, 실적이 좋으면 모두가 노력한 결과라며 지원 부서 사람들과 성과를 나눠 갖는다. 그렇다고 괜히 지원 부서 직원과 큰소리라도 나면 '인격 파탄자'라는 낙인이 찍혀 업무 협조도 제대로 받을 수 없는 처지가 된다. 결과적으로 내부 직원과 사이가 나쁘면 자기만 손해다.

　직장에서 직무 성격 때문에 남들보다 일을 많이 하는 사람은 분명히 있다. 일 적게 하고 받아가는 건 똑같다고 동료를 공격하지 마라. 인사권은 어디까지나 경영진이 가지고 있다. 인사 명령으로 일하는 상황에서 누가 일을 많이 하거나 적게 하는 것은 중요하지 않다. 영업사원들은 죽어라 고생하고 지원 부서 직원은 하는 일이 별로 없다고 얘기

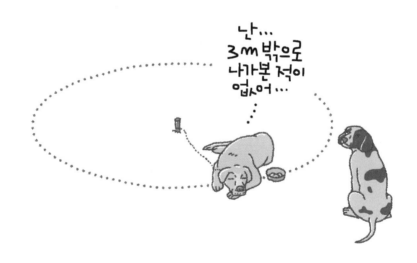

하는 걸 지원 부서 사람들이 들으면 과연 이를 인정할까? 친한 지원 부서 동료가 있다면 물어봐라. "돈도 못 벌어오는 것들이 말만 많다." 고 할 것이다.

영업사원들은 현장에서 배우는 게 많다. 영업하다 보면 시간도 잘 가고, 만나는 사람도 폭넓고, 여기저기 다니다 보면 길도 잘 알고 운전도 잘한다. 막말로 회사에서 잘려도 택시 운전이라도 하면 된다. 대리 운전도 할 수 있다. 영업 잘하는 사람을 찾는 회사는 여기저기에 많다. 인사권자에 의해 주어진 일을 하면서 동료와 비교하지 마라. 일 많이 하면 배우는 것도 그만큼 많고 오히려 생존경쟁에서 누구보다 유리한 환경에 놓이게 되므로 일 좀 더하는 게 그렇게 손해는 아니다. 남의 떡이 커 보이는 게 인지상정이라지만 괜히 남이 일 조금 한다고 탓하지 말고, 자기 일 똑바로 잘하고 실력을 길러라.

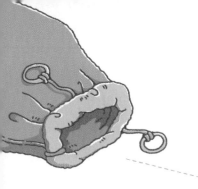

4-2

자기를 좋아하는 사람,
존경하는 사람이 한 명이라도
있다면 성공한 직장인이다

은혜 갚은 생쥐

들판에서 사자 한 마리가 잠을 자고 있는데 철없는 생쥐가 사자의 등
에 올라가 장난을 치고 있었다. 잠이 깬 사자는 생쥐를 앞발로 누르고
한 입에 삼켜버리려 했다. 생쥐는 간곡히 사정을 했다. "살려주세요.
목숨만 살려주시면 이 은혜는 꼭 갚을게요."라고 엉엉 울며 부탁했다.
사자는 "네가 어떻게 은혜를 갚을 수 있느냐?"고 했지만 불쌍한 마음
이 들어 그냥 놓아주었다. 긴 시간이 흘러 숲 속을 거닐던 사자는 재수
없게도 사냥꾼의 그물에 걸려 나무 위에 대롱대롱 매달리게 됐다. 사
냥꾼이 다가오는 모습을 지켜볼 수밖에 없는 상황이었다. 이때, 생쥐
한 마리가 그물 위로 올라와 그물을 이로 갉아서 끊어내고 있었다. 사
자는 목숨을 구했고 생쥐에게 눈물을 흘리며 고마워했다. 생쥐는 자
기가 '예전에 은혜를 베풀어 살려준 생쥐'라며 은혜를 갚게 돼 기쁘다
고 말했다.

어느 팀에 신혼인 L 대리가 있었다. 성실하고 일 잘하는 L 대리가 언제부턴가 회사 출근이 늦어지는 일이 잦아졌다. 어떤 날은 아침에 집에 급하게 일이 생겼다고 휴가를 내는 일도 있었다. 급기야 그는 무단결근까지 해버렸다. 휴대전화도 꺼놓고 무단결근이 3일 넘게 이어졌다. 팀장은 무단결근 1주일이 넘어서야 L 대리를 만날 수 있었다. "부부 사이에 문제가 생겼고 지금은 해결됐으나 회사와 조직에 손해를 끼쳤으니 퇴사하겠다."는 게 L 대리의 대답이었다. 팀장

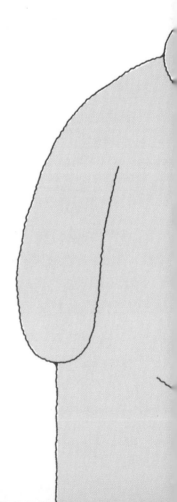

은 20년 전 신입사원 시절에 부부 싸움으로 회사를 그만둘 뻔했던 생각이 났다. 그리고 몇 년 전 팀원 중 한 명이 잦은 부부 싸움으로 이혼하고 회사를 떠난 일을 떠올렸다. 팀장은 L 대리에게 집사람과 맥주 한잔 마시자고 했다. 팀장은 그 자리에서 L 대리 부부에게 회사는 문제가 없도록 도움을 주겠으니 앞으로는 행복하게 잘 살라고 격려했다. 그리고 10여 년의 세월이 흘렀다. L 대리는 지금 행복한 가정을 꾸리고 회사에서 유능하고 인간미 넘치는 팀장으로 활동하고 있다. 지

당신에게는
작은 배려지만
그에게는
큰 사랑일 수 있습니다

은혜를
베풀어야
존경과
사랑도
생기는 법!

난 10여 년 동안 L 대리는 팀장에게 어려운 일이 있으면 자신의 일처럼 발 벗고 나서 도움을 주었다. L 대리는 사람들에게 팀장을 가장 좋아하고 존경하는 상사라고 얘기한다. 팀장 또한 20여 년 직장생활에서 가장 행복한 순간으로 그 일을 기억하고 있다.

상사가 부하 직원의 사랑과 존경을 받는 건 쉬운 일이 아니다. 가족을 빼고 평생에 한 사람이라도 내가 죽었을 때 진심으로 슬피 울어줄 사람 한 명만 있으면 성공한 인생이라고 한다. 베푸는 것을 아까워하지 마라. 직장생활 30~40년 동안 베풀고 산다고 생각해라. 이것이야말로 가장 확실하게 자신을 돕는 길이다. 은혜를 베풀어라. 은혜를 베풀어야 존경과 사랑을 받을 수 있다. 은혜를 베풀 기회도 항상 오는 게 아니다. 기회가 있을 때 도와줘라.

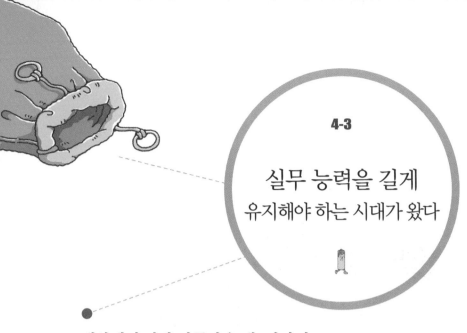

실무 능력을 길게
유지해야 하는 시대가 왔다

세상에서 가장 아름다운 새, 까마귀

만물을 창조한 신이 '새들의 왕'을 뽑겠다고 발표했다. 새들의 왕은 가장 아름다운 새로 결정하겠다고 했다. 새들은 자신의 아름다움을 뽐내기 위해 깃털을 꾸미거나 핥아서 깨끗이 닦는 등 난리를 부렸다. 까마귀도 새들의 왕이 되고 싶었다. 하지만 까마귀는 자신이 거무튀튀하고 추한 모습이라는 사실을 잘 알고 있었다. 까마귀는 다른 새들이 깃털을 꾸미다가 떨어뜨린 깃털을 보고 아이디어가 떠올랐다. 다른 새들이 떨어뜨린 깃털을 주워 모아 자신의 몸에 예쁘게 붙였다. 온갖 새들이 떨어뜨린 깃털을 붙여 예쁘게 꾸민 까마귀는 이 세상에서 처음 나타난 아름다운 새의 모습이 됐다. 신은 아름답게 치장한 까마귀를 새들의 왕으로 발표했다. 까마귀가 새들의 왕으로 발표되자 화가 난 새들은 까마귀에게 달려들어 자기 깃털을 가져가기 시작했다. 까마귀는 다시 거무튀튀한 모습으로 되돌아왔다.

직장에서 남의 도움을 받아 승승장구하는 사람이 있다. 그러다 차장, 부장, 임원이 된다. 그런데 이런 사람이 본부장이나 CEO가 돼 자신만의 독자적인 역량을 발휘해야 하는 자리에 있으면 영 아닌 사람이 있다. 팀장까지는 팀원을 잘 관리하면 성장할 수 있지만 본부장, CEO가 되어 새로운 사업을 개척하거나 과감히 사업을 정리해야 할 때 우물쭈물하며 결단을 내리지 못해 기회를 놓치기도 한다. 왜 그럴까? 역량이 부족하기 때문이다.

요즘 같이 평생직장이 불가능한 상황에서 전문성이 있는 사람들은 헤드헌터의 도움을 받아 이직한다. 그런데 현재 직장에서 잘나가던 사람이 새 직장에서는 헤매는 게 아닌가. 예전의 직장에서는 조직의 생리도 잘 알고 자신을 도와줄 사람도 있었다. 그러나 새 조직에 가면 이런 조건이 갖춰져 있지 않다. 자신의 실력이 절대적으로 필요한 사람이다. 누구나 새 조직에 가면 적응하는 게 쉽지 않다. 문제는 애초부터 자신의 역량이 부족해 뭔가 해낼 능력이 없는 경우다. 회사마다 조직 문화에 차이가 있다. 팀장이 실무를 전혀 하지 않고 관리만 하는 조직이 있는가 하면 직접 실무를 수행하는 조직도 있다. 과거의 직장에서는 방향을 제시하고, 팀을 잘 관리해 최고 실적을 달성한 역량 있는 팀장이지만 거액의 연봉을 받고 이직한 직장에서는 팀장이 직접 대형 프로젝트를 수주하는 능력이 필요하다면 실력을 발휘하기 쉽지 않다. 현재 위치까지 올라오는 데 업무수행 능력이 뛰어나기보다는 인간관계를 잘 풀어온 사람이라면 이직했을 때 업무 수행 능력이 떨어져 조직 적응에 실패할 수도 있다.

평생직장 개념이 없어지고 평생이직 시대가 된 지금은 중간관리자도 일정 수준의 업무 수행 능력을 갖춰야 한다. 배우기에 이미 늦었다

실무 능력이 생존 능력!

고 판단한다면 감당할 수 없는 높은 직책은 맡지 않는 게 좋다. 그리고 연봉을 많이 준다고 해서 회사를 쉽게 옮기는 것도 현명한 선택이 아니다.

자신의 역량은 자신이 가장 잘 안다. 다른 사람의 역량을 자기 것으로 만들어내는 능력도 아무나 가질 수 없는 좋은 역량이다. 중간관리자 이상은 이런 역량을 꼭 갖춰야 한다. 하지만 시대가 바뀌고 있다. 점점 일하는 나이가 길어지고 있다. 실무를 해야 하는 나이도 점점 많아지고 있다. 너무 일찍 실무를 놓아 조직원의 역량을 모으는 일만 해서는 안 된다. 바야흐로 실무 수행 능력을 계속 유지해야 하는 시대다.

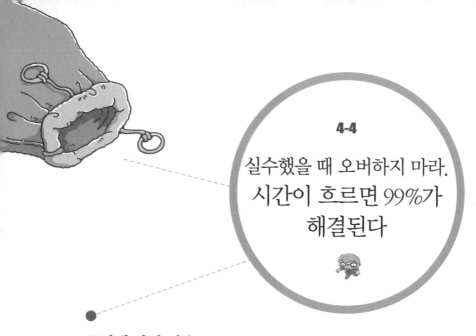

4-4

실수했을 때 오버하지 마라.
시간이 흐르면 99%가
해결된다

구멍에 갇힌 여우

굶주린 여우가 먹이를 찾고 있었다. 그러다 커다란 나무에 뚫린 구멍 속에 양치기가 먹으려고 놓아둔 음식을 발견했다. 여우는 좁은 구멍으로 들어가 음식을 마음껏 먹었다. 배가 잔뜩 부른 여우가 밖으로 나오려 했는데 배가 너무 불러서 도저히 나무 구멍을 빠져나올 수가 없었다. 여우는 자기의 행동을 후회하며 이제 죽게 됐다며 엉엉 울었다. 그때 나무 옆을 지나던 늙은 여우가 우는 여우에게 사정을 물었다. 사정을 들은 늙은 여우는 웃으며 "걱정하지 말게. 시간이 지나면 다시 배가 쏙 들어가 나올 수 있을 거야."라고 여우를 안심시켜주었다.

직장에서 업무를 수행하다가 큰 실수나 사고에 휘말릴 수 있다. 마치 지옥에 떨어진 것처럼 아득하고 제발 꿈이었으면 좋겠다는 생각이 간절할 때도 있다. 물론 꿈인 경우는 없다. 그렇다고 지옥에서 영원히 죽으라는 법도 없다. 거래처 사장이 부도를 내고 도망을 갔다. 거래처 직원도 회사에 나오지 않는다. 거래처 사무실로 갔으나 텅 빈 사무실에 책상만 덩그러니 남아 있는 상태다. 끔찍하고 암담한 일이 나에게 생긴 것이다. '5천만 원을 내가 물어내야 하는데, 내가 가진 재산이라고는 1억 원 정도 대출을 낀 33평 아파트 한 채와 마이너스 통장이 전부인데 회사에서 잘리면 뭘 먹고 사나?' 상사에게 즉시 보고한다. 상사는 호통을 친다. 거래처 담당자는 휴대전화를 꺼놓았다. 친한 동기에게 전화로 상의했더니 "큰일 났다."며 나보다 더 걱정해준다. 다음날 출근할 때까지 잠도 제대로 잘 수 없다. 일은 어떻게 끝날까? 회사에 부실채권에 대한 규정이 있다면 규정에 따라 징계를 받을 것이다. 대부분 회사 규정은 고의와 과실을 구분하고 과실에 대해 책임을 덜어준다. 만일 징계 규정이 없는 회사라면 논란은 되겠지만 내용증명 보내고, 보고서 작성하고, 시말서 쓰고, 대손처리하면 끝난다. 하지만 직장인은 일이 터지면 최악의 상황을 상상하게 된다. 끔찍한 상상이란 회사에서 잘리는 것과 손해를 물어내는 것이다.

　　회사에서 잘리는 것과 돈 물어내는 것은 그렇게 쉽게 결정되는 문제가 아니다. 고의가 아니라면 웬만해서는 모든 책임을 직원에게 돌리기 어렵다. 회사는 개인처럼 감정적으로 일을 처리하지 않는다. 문제는 초기 대응이 중요한데 이때 실수를 하면 안 된다. 문제를 덮으려고 무리수를 두거나, 허위 보고를 하거나, 허투루 개입해서 오히려 문제

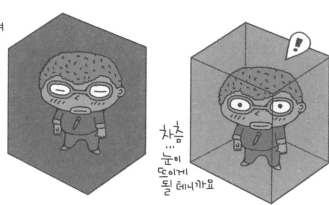

를 꼬이게 만들면 안 된다. 쉽게 해결될 수 있는 일이 계속 꼬이고 나중에는 자신이 만든 올가미에 꼼짝없이 갇힌다.

사건이 터지면 가까운 사람을 찾아서 조언을 구해야 한다. 될 수 있으면 경험과 연륜이 많은 사람이 좋다. 당황하고 흥분한 상태에서 문제를 꼬이게 하는 것은 피하라. 직장에서 터지는 문제의 대부분은 시간이 흐르면 해결되거나 해결할 수 있는 일이 대부분이다. 지혜로운 사람은 '문제가 해결되는 데 시간만큼 확실한 해결책은 없다.' 는 것을 잘 알고 있다.

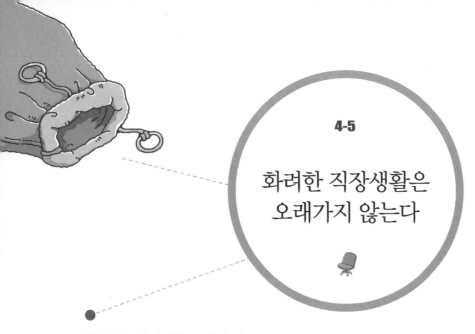

4-5

화려한 직장생활은 오래가지 않는다

군마와 일만 하는 당나귀

항상 일을 하는 당나귀는 군마를 부러워했다. 군마가 주인의 정성스런 보살핌을 받고 맛있는 먹이를 실컷 먹고 한가로이 노는 것처럼 보였기 때문이다. 반면에 자신은 항상 부족한 먹이에 힘든 노동일을 하는 것이 한탄스럽기만 했다. '내가 군마로 태어났다면 얼마나 좋았을까?' 그러던 어느 해 전쟁이 터졌다. 말의 등에 가죽 안장이 얹어졌고, 창과 방패가 매달리고, 머리에서 발끝까지 철갑 옷으로 중무장한 육중한 기사가 말에 올라탔다. 그리고 말은 적진으로 돌진했다. 말은 창과 칼에 찔리고 베였고 결국 전쟁터에서 꼬꾸라졌다. 이 모든 과정을 지켜본 당나귀는 이내 마음을 바꿔 군마를 불쌍히 여기게 됐다.

요즘 직장생활은 빨리 승진해서 위로 쭉쭉 올라가
는 게 능사가 아니다. 화려한 직장생활은 오래가지 못한다. 당신의 직
장생활을 돌아봐라. 화려한 시절이 얼마나 길었으며, 화려함을 유지
하는 것이 얼마나 힘들었는지. 주변의 선배나 상사에게 물어봐라. 화
려한 직장생활이 얼마나 오래갔는지 말이다. 직장에서의 화려함은 그
기간이 매우 짧다. 직장에서 화려함을 유지하는 것은 매우 힘들다. 직
장에서 화려한 사람은 심하게 표현하면 오너와 그 가족 정도다. 대기
업에 다니는 임원과 직원에게 똑같은 질문을 했다. "당신은 회사의 주
인이라고 생각합니까?" 둘 다 대답은 "아니다."였다. 직장에서 화려해
보이는 사람이 누구인지 생각해봐라. 돈을 벌어주는 영업본부장, 실
적 최고의 영업팀장, 또 회사 점퍼 입고 노조와 임·단협을 이끌고 나
가는 사장이나 경영지원본부장, 그리고 구조 조정을 해야 생존할 수
있는 회사의 인사담당 임원이나 인사팀장 정도다. 화려해보이는 이들
이 그 자리에 얼마나 오래 있었는지 알아보라. 영업본부장 5년 이상
하는 사람을 본 적 있는가? 3년에 한 번 사회를 들었다 놓는 자동차회
사 임·단협 때 사측 대표로 앉아 있던 사장이 3년 후에도 그 자리에 앉
아 있는 걸 본 적 있는가? 구조 조정을 주도하고 직원들에게 해고통지
서를 보낸 인사팀장이 3년 이상 그 자리에 앉아 있는 걸 본 적 있는가?
오너가 존재하는 회사에서 화려함이란 오너가 하기 싫은 일을 대신해
주는 데서 오는 반대급부라고 생각하면 틀림이 없다. 그렇다면 매우
급하고 중요한 일이 끝난 때도 그 사람의 화려함이 지속될까? 빗자루
는 청소가 끝나면 버려지거나 창고에 처박히는 법이다. 전 직장 연봉
의 두 배를 받고 대기업 인사팀장으로 이직한 C 부장은 입사한 날부터
퇴사하는 날까지 6개월 동안 새벽까지 술자리를 지키는 것이 하루 일

235

과였다. 연봉 1억 원짜리 직장인이라고 자랑하고 다녔지만 도저히 술을 견딜 수 없어 대책 없이 회사를 그만뒀다. 지금도 그 회사는 1년에 한 번씩 업계 '연봉 최고'를 내걸고 인사팀장을 뽑고 있다.

직장인들은 가늘고 길게 가는 게 최선이라고 말을 한다. 팀장이나 사장을 너무 부러워하지 마라. 그 자리에서 맞닥뜨리는 위험과 부담을 안다면 마냥 부러워할 자리만은 아니다. 능력에 맞게 차근차근 올라가는 게 좋은 거다.

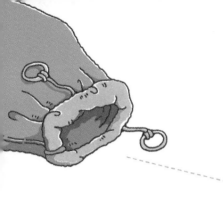

지금 당신이 최악의 상황이라고 생각하지 마라

토끼와 개구리들

토끼들이 모여 심각한 토론을 하고 있었다. 토끼들은 항상 맹수의 공격에 떨고 있으며, 맹수에게 무참히 찢겨 잡아먹히는 동료를 봐야 하고, 쫓기고 도망 다니는 것이 삶의 전부라며 한탄했다. 토끼들은 더는 이렇게 살 바에야 차라리 죽는 게 낫다며 모두 죽어버리자고 결의했다. 토끼들은 비장한 표정으로 물에 빠져 죽으러 호수로 향했다. 호수에 가까워질 즈음 갑자기 개구리들이 혼비백산하여 이리 뛰고 저리 뛰는 모습을 본다. 토끼들은 큰 깨달음을 얻게 된다. 토끼들이 무서워 도망치는 개구리 떼를 보고 오히려 힘을 얻은 것이다.

자신이
가장
힘들고
불행한 것
같은가?
스티븐 호킹 박사가
서울을 방문해서
한 말을
기억하시라!

"지금까지
내가 이룬
최고의 업적은
아직까지
살아 있다는
것이다."

직장인은 어려움에 부딪히면 자신이 가장 불행한 사람이라고 생각한다. 특히 인간관계에서 어려움이 생기면 정말 견디기 힘들다. 상사와의 관계가 꼬였다고 가정해보자. '월급이 나오지 않는다.' '동료가 나를 배척한다.' '건강이 나빠졌다.' '업무가 너무 많이 늘어났다.' '거래처 사람이 나를 무시한다.' 등 이 중에서 2개 이상 해당되지 않으면 최악의 상황은 아니다. 동료들은 웬만큼 힘들지 않고는 자신의 어려움을 남에게 얘기하지 않는다. 남들이 어렵다는 얘기를 하지 않으니 자신만 힘들다고 생각한다.

G 대리는 자신을 대하는 과장·팀장의 태도 때문에 마음이 늘 불편하다. 과장은 내부 업무에 신경 쓰라고 하고, 팀장은 나가서 실적을 올리라고 한다. 꼭 일 못하는 사람 대하듯 하여 G 대리는 회사에 있는 내내 안절부절못한다.

A 과장은 팀장이 자기만 빼놓고 팀 회의를 하는데 속앓이를 하고 있다. 벌써 6개월째다. C 차장은 자신보다 다섯 살이 적은 팀장 밑에 있다. 팀장은 반말은 예사고 과장과 대리 앞에서 면박을 주기 일쑤다. J 부장은 임원이 업무추진비 명세를 일일이 뒤적이며 영수증을 확인하고 누구와 무슨 일로 식사를 했느냐며 꼬치꼬치 캐묻는다. 3년째 매달 발생하는 일이다. 일 잘하고 성실한 젊은 임원이 있는데 특진해서 동기들이 부장 1~2년 차인데 혼자 임원이 됐다. 그룹 임원회의에 참석하면 다른 임원들이 그를 노골적으로 피한다. 어떤 때는 실무자들이 좌석을 준비해놓지 않아 회의에서 그냥 돌아온 적도 있다. 큰 회사의

자회사 사장이 있는데 직원들이 집단으로 들고 일어나 모 회사 경영진에 탄핵을 발의했다. 스스로 옷을 벗는 것 외에 방법이 없다.

당신의 직장생활에서 최악이라고 생각했던 때를 되돌아보라. 당시가 정말 최악이었는가? 그때 좀 더 참았으면 좋았을 것이라고 후회하지는 않는가? 지금 이 시간 월급 110만 원을 받고 아침부터 저녁까지 죽어라고 일하는 40대 가장을 떠올리며 힘을 내보라.

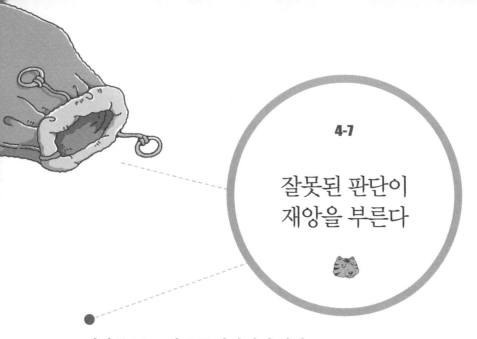

잘못된 판단이 재앙을 부른다

제비를 보고 외투를 팔아버린 남자

부자에게 아들이 하나 있었다. 부자는 죽으면서 아들에게 모든 재산을 물려주었다. 부자의 아들은 놀고먹는 것이 몸에 밴 사람으로 재산을 물려받은 후 놀고먹는 데 온 힘을 쏟았다. 결국 모든 재산을 탕진해 남은 거라곤 외투 한 벌뿐인 상태가 됐다. 겨울이 가고 봄이 가까워져 오는 어느 날, 부자의 아들은 제비 한 마리를 보게 된다. '아! 이제 봄이 됐구나!'라고 생각한 부자의 아들은 남은 외투마저 팔아버렸다. 그런데 이게 웬걸! 길바닥에는 너무 일찍 강남에서 돌아온 제비가 얼어 죽어 있는 것이다. 며칠 후 부자의 아들도 길에서 얼어 죽고 말았다.

직장에서 어떤 일이 발생하기 전에 먼저 '시그널'이 있다. 회사가 자산을 매각한다든가 구조 조정 소문이 떠돈다면 일반적으로 경영 상태가 어렵다는 신호다. 항상 그렇듯이 회사가 어렵다는 소문이 나면 발 빠르게 회사를 떠나는 사람이 생긴다. 그래서 인사 업무를 하는 사람이 흔히 하는 말이 "감원을 해야 하는 상황이면 회사가 어렵다고 소문만 내도 15%는 알아서 회사를 그만둔다."고 말한다. 그런데 회사를 옮기고 보면 옮긴 회사가 이전 회사에 비해 나을 것도 하나 없고 오히려 이전 회사가 승승장구하는 경우가 많이 있다. 나보다 능력은 떨어지는 사람이 회사에 버티고 남아 중요한 역할을 하고, 연봉도 많이 받고, 승진도 빨리하는 걸 보면 참 씁쓸한 마음이 들지만 후회해도 소용이 없다.

정말 마음에 안 드는 임원이 있었다. 그렇다고 임원을 몰아낼 수도 없는 노릇이다. 저렇게 무능하고 못된 임원을 그대로 두는 경영진이 이해가 되지 않았다. 직원들이 모이면 임원 욕을 한다. 이번 인사 때 임원이 잘릴 거라고 얘기한다. 임원회의 때 사장님한테 엄청 깨졌다는 소문이 들린다. 이사 승진하고 4년째 상무를 달지 못하고 있으니 올해가 마지막이라고들 얘기한다. 이 임원은 어떻게 됐을까? 이사 보직 5년 만에 상무, 본부장으로 승진했다.

왜 직장인들은 '시그널'을 잘못 해석해 어려움을 자초할까? 이유는 '그렇게 됐으면 좋겠다.'는 희망사항과 현실이 다르게 나타나기 때문이다. 사람은 원하는 게 있으면 모든 현상을 원하는 것에 맞추는 경향이 있다. 일종의 '끌림' 현상이다. 객관적인 사실보다는 원하는 것을

혹시?

잘못된
판단은
기회를
놓치게
하거나,
위기를
부른다

보고 싶어 하는 마음 때문이다. 널뛰기를 하더라도 균형을 잡아야 한다. 직장생활에서 '팩트(Fact)'를 놓치는 순간 잘못된 판단을 할 수밖에 없다는 사실을 알아야 한다.

잘못된 판단과 실수를 줄이려면 잘못된 '시그널'에 즉각적으로 행동할 것이 아니라 신중히 따져보고, 실행에 옮기기 전에 다양한 정보와 주변의 조언을 들어야 한다. 모르는 상태에서 일단 판단하고 보려는 조급증도 버려야 할 것 중 하나다. 지혜로운 사람은 한 가지만 보고 판단하지 않는다. 외투를 팔아버린 남자가 제비만 보고 판단할 것이 아니라 새싹이라도 찾아 봤더라면 굶어 죽을지언정 얼어 죽지는 않았을 것이다.

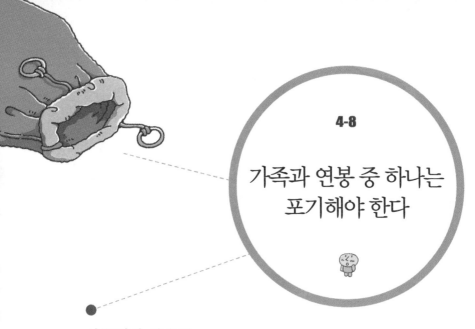

4-8

가족과 연봉 중 하나는
포기해야 한다

시골쥐와 서울쥐

시골쥐가 서울쥐를 자신의 집에 초대했다. 시골쥐는 자기가 먹는 옥수수, 감자, 썩은 사과를 정성스럽게 내놓았다. 며칠 후, 시골쥐는 서울쥐 집에 놀러갔다. 서울쥐는 시골쥐를 데리고 부엌에 들어가 음식을 보여줬다. 치즈, 고기, 빵, 과일 등 맛있는 음식이 가득했다. 시골쥐는 맛있는 음식을 보고 서울쥐가 너무나 부러운 반면 자신의 신세가 한탄스러웠다. 그때 시골쥐가 음식을 먹으려는 순간 갑자기 사람이 들어왔다. 시골쥐와 서울쥐는 황급히 쥐구멍으로 도망쳤다. 서울쥐는 이번에는 시골쥐를 창고로 데리고 갔다. 쌀, 보리, 수수, 밀가루, 당근, 호박 등 싱싱한 곡식이 가득 있었다. 시골쥐가 쌀자루로 가는 순간 여기저기 쥐덫이 놓여 있는 것을 보았다. 서울쥐는 조심조심 가면 된다고 했지만 시골쥐는 오금이 저려서 가지 못했다. 시골쥐는 서울쥐에게 시골로 돌아가겠다고 했다. "맛있는 음식도 좋지만 목숨을 걸면서까지 매번 식사를 하고 싶지는 않다."며 시골쥐는 황급히 시골로 돌아갔다.

어떤 직장인은 오전 9시에 출근해서 1톤 트럭에 상품을 실고 상점을 돌아다니며 배달을 하고 오후 6시가 되면 차를 반납하고 퇴근한다. 어떤 직장인은 오전 9시부터 온종일 컴퓨터 앞에 앉아 엑셀 장표에 각종 데이터를 집어넣는다. 그는 밤 9~10시까지 온종일 컴퓨터를 붙잡고 산다. 대기업 홍보실에 근무하는 직원은 저녁에는 기자와 만나 밤늦은 술자리를 갖고 주말에는 골프를 친다. 대기업 영업사원은 온종일 고객을 찾아다니면서 상담을 하고 저녁에는 기름진 고기나 회를 먹고 새벽까지 고객과 술자리를 갖는다. 자동차 회사의 연구직 직원은 온종일 오디오 장치를 틀어놓고 음악을 듣는다. 양재동에 있는 현대자동차 본사 사무실에 오전 7시쯤 들어가 보라. 창가쪽 팀장 자리와 팀장 앞쪽 차, 부장 자리는 검정색 양복을 입은 직원들이 이미 업무를 시작하고 있다. 광고대행사 에이전시(AE)들은 10~12월 집중적으로 고객과 내년 예산 작업을 위해 업무 미팅→저녁 술자리→골프로 집에 갈 틈이 없다. 대신에 1~9월까지는 시간 여유가 많다. 외환 딜러는 온종일 모니터를 보고 달러를 사고판다. 순간적으로 수십억~수백억 원이 왔다 갔다 하기도 한다.

직장인은 똑같은 일을 하지 않는다. 그렇기 때문에 똑같은 급여와 처우를 받지 않는다. 단순한 일을 하면 연봉이 적고 복잡한 일을 하면 연봉이 많다. 칼출근, 칼퇴근을 하면 연봉이 적고 새벽부터 밤늦게까지 일하면 연봉이 많다. 매출이 적으면 연봉이 적고 매출이 많으면 연

봉도 많다. 사람에게는 자신에게 맞는 일과 직종이 있다. 일이 편하면 연봉을 포기해야 하고, 연봉을 많이 받으려면 고생을 많이 해야 한다. 하지만 대부분의 직장인은 조금 일하고 많이 벌고 싶어한다. 가능하지 않은 일이다.

가족과 더 많은 시간을 보내고, 저녁은 항상 가족과 함께 식사를 하는 것에 높은 가치를 부여하는 사람이라면 많은 연봉을 포기하는 게 좋다. 힘들고 어렵더라도 많이 벌고 많이 쓰고 싶은 사람이라면 힘든 일을 해야 한다. 자기에게 맞는 일을 하는 것이 좋다. 인간 수명이 점점 길어지고 경제활동을 해야 하는 기간이 점점 길어지는 현대사회에는 더욱 그렇다. 남들이 어떻게 생각하느냐는 중요하지 않다. 자신에게 충실하고 자기에게 맞는 일을 해야 한다. 남들이 뭐라 한들 상관하지 마라. 자신에게만 충실하라.

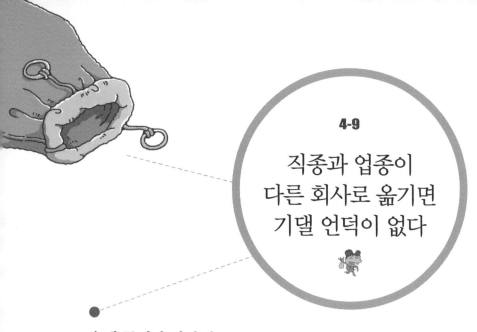

4-9

직종과 업종이
다른 회사로 옮기면
기댈 언덕이 없다

숲에 들어간 바닷게

바닷게 한 마리가 해변으로 기어나왔다. 해변을 무심코 지나다가 숲
으로 들어갔다. 해변과 달리 녹색의 푸름과 따가운 햇볕을 가려주는
나무, 푹신한 낙엽이 좋았다. 평소 짠물과 따가운 햇볕을 벗어나고 싶
었던 바닷게는 한가로이 숲을 즐기고 있었다. 그때, 오랫동안 먹이를
찾지 못해 굶주린 여우가 바닷게를 발견했다. 여우는 발로 바닷게를
밟아 움직이지 못하게 한 다음, 바닷게를 오도독오도독 씹어먹었다.

직장생활을 하다 보면 직종이나 업종이 다른 직
장으로 옮기게 되는 경우가 있다. 기획 직종의 사람이 영업 직종으로
옮기는 경우가 그렇다. 업종을 바꾸는 경우도 있다. 건설 업종에서 일
하던 사람이 제약 업종으로 이동하거나 자동차 · 철강 업종의 사람이
IT 쪽으로 움직이기도 한다. 평생직장의 시대가 아닌 평생직업의 시대
이니 이런 식의 이동은 이상할 게 없다. 직종과 업종이 다른 회사로 옮
기는 것과 직종이나 업종이 같은 회사로 옮기는 것에는 큰 차이가 있
다. 직장인에게 리스크도 대단히 크다.

'숲에 들어간 바닷게 이야기'에서 바닷게가 해변의 갯바위나 모래
사장에만 있었다면 여우 같은 위험 요인에 노출되지 않았을 것이다.
여우를 만났어도 바위틈으로 숨거나 모래 속으로 들어갈 수 있다. 숲
은 바닷게에게 익숙하지 않은 환경이었다. 건설이나 제약 업종은 조
직의 위계질서가 강하다. 반면에 IT 업종은 자율과 창의가 요구된다.
전혀 다른 업종으로 이동하면 조직 적응에 어려움이 있다. 직종도 마
찬가지다. 기획이나 인사 직종의 경우 주로 내근 업무를 하고 보고서
작성이나 보고 업무가 중요하다. 반면에 영업 직종의 경우 외근 업무

가 많고 자발성과 대인 커뮤니케이션 능력이 중요하다. 그래서 직종과 업종을 바꾼 후에 조직 적응에 어려움을 많이 호소한다. 더욱 문제가 되는 것은 직종이나 업종을 바꾸고 나서 적응에 실패하면 다시 이전 직종이나 업종으로 전환하는 게 쉽지 않다. 무엇보다 직종과 업종을 바꾸는 경우 가장 문제가 되는 것은 인맥이 없어진다는 점이다. 인맥이 없어진다는 것은 기댈 언덕이 없어지는 것이다. 물론 새로운 인

맥을 형성하는 점은 인생을 길게 볼 때 큰 자산이 되지만 당장 맨땅에 헤딩해야 하는 상황에는 불리할 수밖에 없다. 현대사회에서 직종과 업종을 바꾸는 일은 점점 더 많아질 것이다.

업종이나 직종을 바꿀 때 리스크에 철저히 대비해야 한다. 현재 업종이나 직종이 주는 프리미엄은 없고 새로운 환경이 주는 리스크는 크다. 그렇지만 새로운 업종과 직종으로의 전환은 인생의 영역을 넓혀주고 새로운 기회를 준다. 업종과 직종을 바꿀 때는 새로운 환경을 면밀히 검토하고 신중하게 움직이는 지혜가 필요하다. 바닷게처럼 "바다에서 사는 내가 어쩌자고 숨을 곳 하나 없는 숲에서 살려고 했단 말인가?"라며 자조적인 반성을 하지만 이미 때는 늦었다.

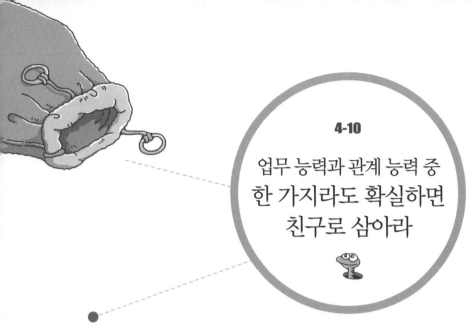

4-10

업무 능력과 관계 능력 중 한 가지라도 확실하면 친구로 삼아라

두 마리 토끼를 쫓는 사자

굶주린 사자가 풀밭에서 잠이 든 토끼를 발견했다. 한걸음에 달려가 앞발로 내리치면 충분히 잡을 수 있는 상황이었다. 토끼에게 달려가려는 순간, 살이 토실토실한 다른 토끼 한 마리가 지나가는 것을 보았다. 사자는 잠든 토끼는 잠시 놔두고 토실토실한 토끼를 쫓아갔다. 갑자기 쫓고 쫓기는 시끄러운 소리에 잠이 깬 토끼는 걸음아 날 살려라 하고 도망을 쳤다. 사자는 토실토실한 토끼를 쫓았으나 놓치고 말았다. 사자는 다시 잠든 토끼가 있는 풀밭으로 되돌아갔으나 토끼는 이미 도망간 뒤였다. 이래저래 지친 사자는 오늘도 굶고 말았다.

사자처럼
용맹하고
침펜지 같이
사교성 있는
그런
친구란 없어!

있다 해도
과연 너랑
친구해줄까?

조직은 혁신적이고 창의적인 조직도 있고, 질서
정연하고 위계질서가 확실한 조직도 있다. 상사는 전문 지식이 뛰어
나고 일도 잘하는 사람도 있고, 인간성이 좋고 인간관계도 좋은 사람
도 있다. 부하 직원 중에서도 일 잘하고 뛰어난 사람도 있고 순응적이
고 인간 됨됨이가 좋은 사람도 있다. 자신도 마찬가지다. 업무 능력이
출중할 수도 있고 인간적인 매력이 넘치는 사람일 수도 있다. 두 가지
를 모두 잘하는 조직이나 상사, 부하 직원이 간혹 있기도 하지만 서로
상대적인 요소를 모두 갖추기란 쉽지 않다. 대부분의 사람은 위에 열
거한 두 가지 중 한 가지가 강하고 다른 한 가지는 상대적으로 약하게
마련이다. 어설프게 두 가지를 두루뭉술하게 하는 것보다는 확실하게
강한 한 가지가 있는 게 좋다.

개인에게 브랜드는 바로 확실하게 강한 한 가지를 어떻게 포장해 외

부로 드러나게 하느냐에 달려 있다. 두 가지 다 하겠다고 욕심 부리지 마라. 한 가지를 확실하게 잘하고 부족한 부분은 노력하는 것만으로 충분하다. 자칫하면 사자처럼 두 마리를 잡아먹으려다 손에 거의 넣은 것조차 잃어버리는 곤란한 상황이 될 수도 있다.

　직장에서 직급이 낮은 사람을 보면 일도 잘하고 인간성도 좋은 사람이 많다. 그런데 위로 올라가면 올라갈수록 확연하게 한 가지가 강하다는 사실을 알 수 있다. 주변에 있는 상사를 한 번 봐라. 일도 잘하고 인간성도 훌륭하고 배려도 잘하는 사람이 있는가? 이것은 직장에서 직급이 올라갈수록 요구받는 수준도 높기 때문이다. 그래서 대부분의 사람은 자신의 강한 부분이 부각되고, 약점도 약점 그대로 드러나게 된다. 직장에서 친구 같은 상사, 동료, 부하 직원이 많을수록 좋다. 일도 잘하고 인간성도 좋은 최고의 친구를 찾으려 하면 그런 사람 찾기가 또 쉽지 않다. 너무 높은 기준을 가지고 있으면 마음을 나누는 친구 같은 상사, 동료, 후배를 얻을 수 없다. 일은 조금 못해도 인간성 좋고

배려심이 많은 사람이라면 친구로 삼아라. 현실성은 떨어지지만 넓은 시야와 뛰어난 창의성을 가진 사람이라면 이 역시 친구로 삼아라. 조직을 휘어잡는 카리스마는 없지만 따뜻한 마음과 부하 직원들을 키워주려는 마음이 있는 상사라면 따르라. 진솔한 맛은 없지만 조직을 휘어잡는 카리스마와 탁월한 업무능력을 갖고 있는 상사라면 배워라. 충성심은 없어 보이지만 지시한 일을 확실하게 수행하는 부하 직원이 있다면 칭찬해줘라. 업무를 완벽하게 수행하지는 못하지만 시키는 일이라면 얼굴 한 번 찡그리지 않고 성실히 최선을 다하는 부하 직원이 있다면 그 또한 격려해주고 아껴줘라.

타인에게 너무 높은 수준의 잣대를 들이대지 마라. 업무 능력과 관계 능력은 끝에서 끝이다. 이 두 가지를 모두 갖춘 사람은 많지도 않고, 그 사람이 당신과 친구가 되고 싶어 할지도 의문이다. 둘 중 한 가지라도 확실히 갖춘 사람이라면 친구로 삼아도 좋다.

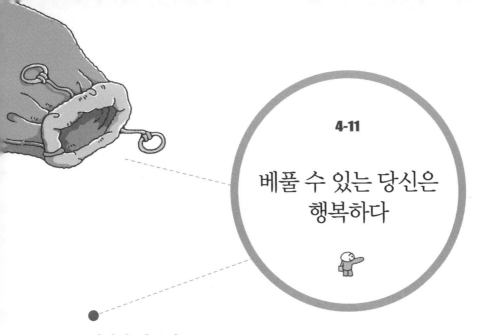

4-11

베풀 수 있는 당신은
행복하다

개미와 비둘기

개미가 강물에 빠져 생사를 오락가락하고 있었다. 마침 하늘을 날던 비둘기가 개미를 보고 나뭇잎 하나를 떨어뜨려 줬다. 비둘기가 던져 준 나뭇잎에 의지해 목숨을 구하게 된 개미는 이 은혜를 꼭 갚겠다고 말했다. 어느 날 개미는 나뭇가지에 앉아 있는 예의 비둘기에게 사냥꾼이 총을 겨누는 것을 목격하게 됐다. 개미는 주저 없이 달려들어 사냥꾼의 발목을 물었고 사냥꾼은 고통에 소리를 질렀다. 그 소리를 듣고 비둘기는 하늘로 날아올라 위기를 모면했다.

직장 동료나 상사의 도움으로 위기를 극복한 기억이 있는가? 최근 나에게 도움을 준 직장 동료가 있는가? 나는 최근 동료 중 누구에게 도움을 주었나? 그러나 도움을 받은 기억도 도움을 준 일도 없을 수 있다. 요즘 직장에 제일 많은 인간형이 '투명인간'이라고 한다. 온종일 컴퓨터만 붙잡고 하루를 보낸다. 상대방의 존재에 관심이 없다. 특별히 동료를 싫어해서 생기는 문제가 아니다. 점심을 먹지 않는 직장인도 많다. 혼자서 점심 먹는 직장인도 많다. 요즘 직장 분위기에서는 동료와 점심을 같이 먹는 사람은 행복한 사람일지도 모른다. 어떤 사람은 사흘 동안 회사에서 한마디도 안하고 일했다고 한다. 말을 거는 사람도, 말을 걸 사람도 없다. 직장에 외로운 사람이 많다. 외로움을 넘어 체념 상태인 사람도 많다.

세상살이가 가장 힘든 나이는 몇 살 정도일까? 대부분 40대를 지목한다. 회사에서는 차·부장급의 관리자로서 핵심 역할을 하지만 사오정(45세가 정년)이라는 말처럼 조직에서 언제 잘릴지 모르는 불안정한 위치에 있다. 가정에서는 자녀가 중·고등학교에 다니고 있어 돈도 제일 많이 들어갈 때다. 동료 관계에 있어서도 20~30대와는 확연히 다른, 보수적인 조직 문화를 가진 마지막 세대이면서 '오로지 회사에 충성'이라는 가치와도 차이가 있어 위아래로 커뮤니케이션에 어려움도 많이 느끼는 사람들이다. 회사에서는 무섭거나 싫은 상사가 이런 유형의 사람들인데 이들이 가정으로 돌아가면 달라질까? 조사에 의하면 40대 남자 가장의 92%는 자녀에게 문제가 생기면 아버지인 자신과 상의할 것이라고 답변했다고 한다.

그러나 정작 중·고등학생 중 아버지와 상의하겠다는 답변은 4%에 불과했다. 한국의 아버지들은 소외에 직면해 있다. 참고로 우리나라

베풀 수 있을 때
당신은 행복하다
그들이
당신의 힘이
되어줄 테니까
그들에게
당신의 행복을
저축하라!

40대 남성 사망률이 세계 1위다. 가정에서의 의무와 책임은 크고, 쉴 곳은 없는 사람이 40대 남자 가장이다. 이들에게는 도움과 격려가 필요하다. 위로해주고, 힘내라고 격려해주고, 술 한잔 사달라고도 말해보라. 정말 좋아할 것이다. 그리고 이 사람이 가진 조직 내 파워는 당신이 어려움을 겪게 될 때 정말 확실한 도움을 줄 수 있다.

현대의학의 발전으로 인간의 평균 수명 100세를 눈앞에 두고 있다. 지금의 30대는 대부분 100세까지 살 것이고, 20대는 110세까지 살 것이다. 정년퇴직한다고 해도 40~50년 동안 살아갈 돈을 벌어야 한다. 길고 긴 세월 동안 남들에게 도움받지 않고 혼자 힘으로 살 수 없는 시대를 살고 있는 것이다. 또 다른 이유는 자신이 관리할 수 없는 위험은 다른 사람의 도움이 없으면 벗어나기 어렵다. 지금 베풀 수 있는 위치에 있다면 당신은 행운이다. 다 퍼주고 나눠줘라.

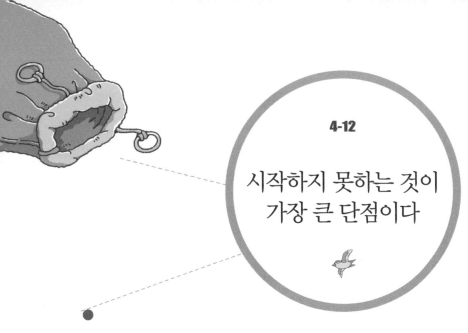

4-12

시작하지 못하는 것이
가장 큰 단점이다

사자를 처음 본 여우

태어나서 사자를 한 번도 본 적 없는 여우가 있었다. 어느 날 여우는
처음으로 사자를 만나자 너무 무서워 기절하고 말았다. 그후에 또 사
자를 만났는데 여전히 무섭긴 했지만 기절하지는 않았다. 세 번째로
사자를 만났을 때 여우는 사자에게 다가가 말을 걸 수 있었다.

직장생활을 하다 보면 회장이나 사장처럼 높은 위치에 있는 사람이 있다. 직장에서 처음 사장에게 보고나 결재를 들어가는 경우 잔뜩 긴장하거나 떨었던 기억이 있을 것이다. 하지만 이것도 두세 번 정도 반복하다 보면 편안해지는 것을 느낀다. 회장님이나 사장님을 만나도 자연스러워진 자신이 은근히 대견해보이기도 한다. 상사도 마찬가지다. 몇 번 개인적인 대화나 회식 자리를 통해 인간적인 면을 알게 되고 친숙해지면서 두려움도 없어지게 된다. 새로운 일도 마찬가지다. 처음에는 어렵고 두려움이 생기지만 일단 실행해보면 일이 쉬워진다. 오히려 아는 척해서 문제가 되는 경우가 더 많다.

직장에서 떨리는 현상, 즉 울렁증은 많은 사람이 겪는 현상이다. 하지만 울렁증은 조기에 치료해야 하는 질병이다. 어느 대기업 사장단 회의가 열리고 있었다. 인사팀장에게 회장비서가 급하게 연락이 와 회의에 참석하라고 했다. 사장단회의는 그룹회장이 주재하고 계열사 사장이 모두 참석하는 회의다. 갑작스러운 호출이기도 하고 사장단회의에 처음 참석하는 인사팀장은 울렁증이 생겼다. 노크를 하고 대회의실에 들어서서 착석도 하지 않은 상태에서 회장으로부터 강한 질책이 나왔다. 멍한 상태로 듣고 있는데 회장은 "당신은 온종일 무슨 일을 하느냐?"며 "어제 오후에 한 일을 얘기해보라."고 했다. 인사팀장은 머리가 텅 비어 아무런 기억이 나지 않았다. 엉겁결에 다이어리를 펼치다가 오히려 더 큰 질책을 받고 따가운 시선을 뒤로하고 물러나오게 됐다. '이런, 세상에!' 내일모레 임원 승진을 해야 할 사람이 사장단 전체가 모인 자리에서 망신을 당했으니 여간 낭패가 아니다. 울렁증은 가끔 이런 모진 결과를 가져온다. 울렁증 해결은 일에 대한 자세와 관련이 깊다. 보통 직장 경력이 짧은 사람들일수록 이런 증세가 있다.

두려워
마시라!

처음
둥지에서
뛰어내리기가
힘들지
일단
뛰어내리면
세상에서
가장
높고
멀리 나는
새가
될 테니까
:
인생도
똑같아!
중요한 건
당신을
믿느냐
안 믿느냐지!

263

부장쯤 돼서 산전수전 겪게 되면 대개는 해결된다. 원인은 처음 겪는 일에 대한 두려움 때문이다. 해결책이 없는 건 아니다. 모든 일에는 상대방이 있으므로 지금 상황에서 상대방이 나에게 기대하는 것이 무엇인지 생각해보고 그것에 부응하겠다는 다짐을 하고 마주치면 된다. 설마 발표를 듣거나, 보고를 받거나, 상담을 받는 상대방이 내가 떨고 있을 거라고 상상이나 하겠는가? 상대방이 무엇을 기대하고 나는 어떻게 해주는 것이 최선인지 생각하고 마음을 다 잡고 부딪치면 울렁증은 대부분 해결된다. 물론 시간이 문제를 해결해준다.

처음 하는 일은 항상 두렵고 떨린다. 하지만 몇 번 접하고 나면 친숙한 일이 된다. 두렵고 떨린다고 주저하지 마라. 시작하지 못하는 것이 당신의 가장 큰 단점이다.

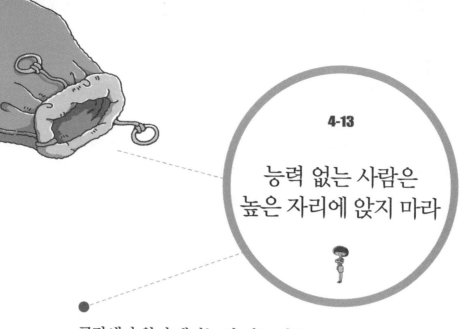

4-13

능력 없는 사람은 높은 자리에 앉지 마라

공작새가 왕이 돼서는 안 되는 이유

새들이 왕을 선출하는 날이다. 새들은 서로 자기가 왕이 돼야 한다고 말싸움을 하고 있었다. 그때 공작새가 말했다. "나는 어떤 새보다도 아름다운 깃털을 가지고 있으니 내가 왕이 돼야 한다." 모두 공작새보다 아름다운 깃털을 가진 새는 없다고 생각했다. 새들은 공작새를 왕으로 선출할 참이었다. 그때 지혜로운 까마귀가 반론을 제기했다. "당신은 독수리가 우리를 공격할 때 지킬 수 있는 능력이 있나요?" 그 말을 들은 새들은 공작새가 왕이 되기에 부적합하다며 생각을 바꾸었다.

불과 3~4년 전에만 해도 대기업에서는 팀장을 해야 한다고 생각했다. 그러나 요즘은 서로 팀장 보직을 맡지 않으려 한다. 팀장 위가 임원인데 고작 팀장의 수명은 2~3년에 불과하다. 전공 분야에서 팀장을 마치고 나서 임원 승진을 하지 못하면 생소한 자리로 옮겨야 한다. 자동차 회사의 경우 영업소로 발령 나는 경우가 많다. 이제 40대 중후반인데 생소한 자리에서 무언가를 도모한다는 것이 쉽지 않기 때문이다. 오히려 부장 보직에서 어느 정도 위치를 다지면서 팀장과는 달리 여유를 가지고 대비할 수 있는 것이 낫다는 생각을 많이 한다.

　　40대 중반에 국내 대그룹의 임원이 된 사람이 있었다. 사원 4년, 대리 4년, 과장 5년 그리고 차장 1년 만에 부장으로 특진했다. 그리고 부장 1년 만에 또 특진해서 임원을 달았다. 로열 패밀리도 아니고 외국에서 박사 학위를 딴 것도 아니고, 특출한 재능이 있는 것도 아니었는데 운 좋게 사업을 의욕적으로 확장하는 CEO의 눈에 든 것이다. 그룹사 동기들은 차장이나 부장을 달고 있는데 혼자 임원이 돼 높은 연봉에 승용차도 받고 참으로 행복한 케이스였다. 임원은 의욕적으로 활동해 10명 수준이던 조직을 30명으로 늘렸다. 조직이 커지자 중간관리자가 필요했고 외부에서 전문가를 여럿 스카우트해서 진용을 갖췄다. 문제는 이때부터였다. 임원과 중간관리자인 부장이 다투는 일이 자주 발생했다. 부장은 책임과 권한을 줘야 하지 않느냐며 강하게 부딪혔다. 어찌 됐든 임원인 상사를 이기는 부하 직원이 없는지라 부장들은 실컷 화풀이를 하고 조직을 떠났다. 부장들이 들어오고 나가기를 거듭하는 과정에서 심각한 관리 누수가 발생했고, 회사에 큰 손실을 입힌 사건이 터졌다. 임원은 사건에 대한 책임을 지고 옷을 벗었다. 임원

의 문제는 무엇이었을까?

임원은 기획력이 뛰어나고 실행력도 뛰어나 인간성도 좋고 머리도 좋아 개인적으로 문제가 별로 없는 사람이었다. 그러나 그는 중간관리자를 너무 몰랐던 것이다. 조직에서 승승장구하는 사이 부장 시절을 겪지 못했다. 대리나 과장은 직접 겪었기 때문에 비교적 잘 이해했지만 중간관리자는 경험하지 못하다 보니 부장들을 이해하고 다루는 법을 전혀 알 수 없었던 것이다. 중간관리자를 다루는 기본은 권한과 책임을 분명하게 설정해주고 믿고 맡기는 게 기본인데 그는 부장들을 대리나 과장 대하듯 했다.

직장생활에서 능력에 맞지 않는 자리에 앉아 있는 것은 자신도 힘들고 부하 직원들도 힘들게 하는 좋지 않은 상황이다. 몸에 맞지 않는 옷은 입지 말아야 하듯이 자신의 능력에 맞지 않는 자리라면 피하는 게 낫다.

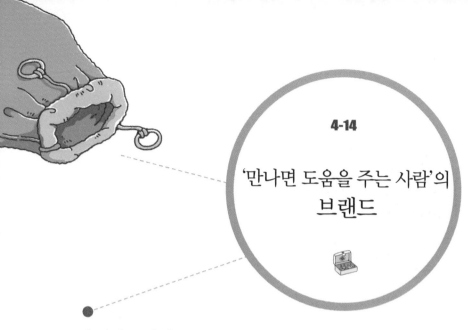

'만나면 도움을 주는 사람'의
브랜드

송곳니를 갈아두는 멧돼지

멧돼지 한 마리가 통나무에 송곳니를 갈고 있었다. 지나가던 여우가 "뭐 하고 있느냐?"며 물었다. 멧돼지는 위험한 일이 생길 때 대비하려고 송곳니를 미리 날카롭고 튼튼하게 만들고 있다고 대답했다. 이 얘기를 듣고 여우는 위험한 일이 생기면 그때 가서 대처하면 되지 않느냐고 물었다. 멧돼지는 "위험한 때가 되면 송곳니를 갈 시간이 없으니 미리 대비해야 한다."고 말했다. 그 말을 들은 여우가 말했다. "항상 잔머리를 굴리는 나보다 네가 더 지혜롭구나."

붕대, 감기약
지혈제, 거즈
소독약 등등···
항상 관리하고
준비하고 있어야
응급시에 쓸 수 있는
구급함─

  통계청 조사에 의하면 자영업자의 암 사망률이 직장인의 1.5배에 달한다고 한다. 통상 자영업자는 직장인보다 수입이나 생활수준이 높은 편이다. 그런데 왜 암 사망률이 높을까? 직장인은 1년에 한 번씩 회사에서 건강검진을 해주기 때문에 암 같은 질병에 대처할 수 있다. 그런데 자영업자는 바쁘고 시간이 없어 몸이 아파야 병원에 가게 된다. 그러다보니 직장인보다 훨씬 높은 암 사망률이 나오는 것이다. 바로 미리 대비하지 못하고 일이 터진 다음에 대응하기 때문에 일어나는 사례다. 직장인 중에 동료나 상사에게 미움을 받는 사례가 경조사와 관련된 부분이다. 평소 직원 경조사를 챙기지 않는 동료가 부모님 칠순 잔치, 아이 돌잔치에 동료를 초대한다. 이런 잔치는 가족들만 참석해도 무난한 행사인데 직장 동료를 초대해 불편하게 만든다. 평소에 직원들의 경조사를 잘 챙기는 사람이라면 품앗이하는 마음으로 축의금이라도 전하겠지만 평소 전혀 덕을 쌓지 못한 사람이 정작 자신이 필요할 때 도움을 청하는 형국인 셈이다. 동료들은 마음속으로 축하는커녕 짜증만 난다.

연말에 A 부장은 어느 컨설턴트가 보내준 연하장을 보고 흐뭇한 마음이 들었다. 이 컨설턴트는 몇 년 전 외부 세미나에서 만나 명함을 교환하고 1년에 한두 번 전화로 연락하는 사이다. 그런데 컨설턴트가 보낸 연하장에는 '외국에 유학하고 있는 아들은 공부 잘하는지, 환율이 떨어져 부담이 많을 텐데 최근 환율이 올라가 다행'이라는 내용이 적혀 있었다. A 부장이 자신을 각별하게 기억해주는 컨설턴트에게 호감을 느끼는 것은 당연하다. 나중에 알게 된 사실인데 컨설턴트의 책상

위에는 특별한 상자가 있다고 한다. 이 컨설턴트는 누군가를 만나 그 사람에 대해 특별한 일이 있으면 포스트잇에 이름과 특이사항을 적은 메모를 넣어두고, 12월에 메모를 꺼내 특이사항에 적힌 내용을 포함해 인사말을 적은 연하장을 보낸다고 한다. 많은 사람들을 만나는 이 컨설턴트는 업계에서 알아주는 톱 컨설턴트다.

직장생활은 인간관계의 연속이다. 남에게 도움을 받고 남을 도와줄 수 있는 연속적인 과정인 것이다. 일을 하다보면 정상적인 프로세스로는 일을 처리할 수 없어 급하게 도움을 받아야 하는데 인간관계에서 미리 쌓아놓은 것이 없으면 도와달라고 말하기가 참 어렵다. 미리미리 관계를 맺은 사람에게 작은 도움을 주면 나중에 꼭 필요할 때 어렵지 않게 도움을 받을 수 있다. 멧돼지가 미리 송곳니를 갈아두듯이 우리는 미리미리 타인에게 '만나면 도움을 주는 브랜드 관리'가 필요하다.

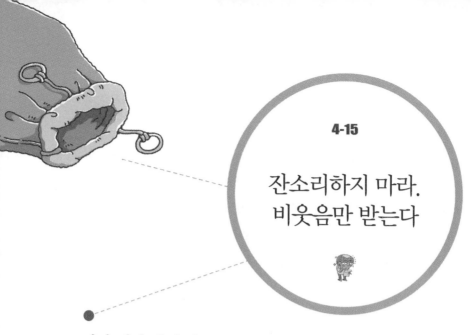

4-15

잔소리하지 마라. 비웃음만 받는다

아빠 게와 새끼 게

해변에 아빠 게와 새끼 게가 있었다. 옆으로 기어가는 새끼 게를 보고 아빠 게가 "왜 똑바로 걷지 않고 옆으로 걷는 거니?"라고 했다. "그럼 아빠가 한 번 시범을 보여주세요."라고 새끼 게가 말했다. 아빠 게가 시범을 보였다. 아빠 게도 새끼 게와 마찬가지로 옆으로 걸었다.

한 달에 차를 5대를 파는 자동차 영업사원이 한 달에 2대를 파는 후배에게 목표를 달성하려는 의지가 부족하다며 좀 더 노력하라고 훈수한다. 과연 후배는 선배의 충고를 받아들이고 열심히 노력할까? 선배 영업사원이 한 달에 중형차 10대를 판매하는 판매의 달인으로서 충고했다면 받아들였을 거다. 프레젠테이션을 조금 잘하는 팀장이 조금 못하는 부하 직원에게 프레젠테이션의 기본이 안 됐다며 공부 좀 하라고 지적한다. 부하 직원은 속으로 이렇게 말한다. '팀장님 프레젠테이션도 그리 썩 훌륭하지 않거든요.' 프레젠테이션만 했다 하면 청중을 휘어잡고 불가능할 것이라는 사업을 수주해내는 전설의 프레젠테이션 달인인 팀장이 충고했다면 받아들였을 거다. 결재 문서를 팀장에게 올렸다. 팀장은 빨간 펜을 들고는 줄을 죽죽 긋고 구두점을 찍고 띄어쓰기까지 체크해서 품의서를 온통 붉게 물들인 다음, 고쳐오라고 한다. 다시 결재 문서를 들고 팀장에게 올린다. 이번에도 약간의 짜증과 무시하는 말을 뱉으며 빨간 펜으로 여기저기 고쳐준다. 문제는 상사가 고쳐준 대로 고쳐온 것까지 바꿔놓는다는 데 있다. 국어교육과 출신 팀원은 속이 뒤틀리지만 두세 번 더 고쳐 결재를 받는다. 물론 팀장도 팀원 시절 이런 과정을 거쳤을 거라고 이해해보려고 하지만 심한 느낌이 드는 건 어쩔 수 없다.

보통 팀장은 실무를 잘하지 못한다. 팀장의 역할이 실무자가 아니기 때문이기도 하고, 직접 실무를 해본 지 오래돼 감도 많이 떨어져 있기 때문이다. 그런데 어떤 팀장은 팀원이 해놓은 게 마음에 안 든다며 자신이 직접 해보지만 결과는 그리 신통치 않다. 그러고는 슬그머니 실무자에게 망가뜨린 일을 넘긴다. 물론 팀장은 자기가 하겠다고 한 걸 후회한다. 팀장이라는 위치에서 실무자가 한 일을 제3자의 관점에서

보면 허점이나 문제점이 눈에 확 보인다. 어떻게 해야 할까? 질책하지 마라. 결정적으로 문제가 되는 것이 아니라면 부족한 대로 받아들여라. 나와 조직의 현재 수준이라고 생각하는 게 좋다. 팀장이 실무를 너무 모르는 것은 문제가 있다. 카센터를 한 번 보자. 보통 카센터 사장은 자동차회사 직원 출신이 많다. 엔진오일 교환, 타이어 교체, 와이퍼

교체 등 자동차 정비와 관련된 모든 프로세스를 알고 있다. 급할 때는 사장이 직접 목장갑을 끼고 문제를 해결한다. 그리고 카센터에 오는 고객을 응대하고 카센터라는 사업장의 경영을 한다. 그런데 사업을 하는 것도 아닌 팀장이 실무에 까막눈이라면 분명 문제가 있는 거다.

웬만해서는 직장에서 꾸짖거나 잔소리하지 마라. 직장에는 조금 일 잘하는 사람도 있고 조금 일을 못하는 사람도 있다. 부하 직원에게 약간의 차이를 부각시켜 망신을 주면 오히려 당신이 정밀 분석당한다.

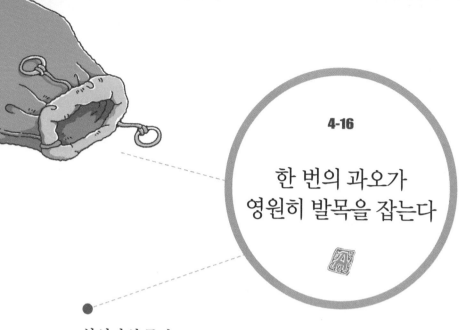

4-16

한 번의 과오가 영원히 발목을 잡는다

살인자의 종말

살인을 하고 쫓기는 사람이 있었다. 죽은 사람의 가족이 칼을 들고 들이닥치자 무조건 도망쳤다. 한참을 도망가다가 강을 건넜다. 한숨을 돌리려는데 눈앞에 사자 한 마리가 떡 버티고 서 있었다. 앞뒤 가릴 것 없이 옆에 있는 나무 위로 기어 올라갔다. 한숨을 돌리려는데 가지 위에 커다란 뱀이 혀를 날름거리며 살인자에게 다가오고 있었다. 생각할 틈도 없이 강물로 뛰어내렸다. 강물에는 굶주린 악어가 기다리고 있다가 허우적대는 살인자를 잡아먹었다.

직장생활에서 커다란 잘못을 하게 되면 인생 전체에 영향을 주게 된다. K 대리는 자기를 괴롭히고 부당하게 대하는 팀장과 회식 장소에서 말다툼을 하다가 몸싸움 직전까지 간 사건이 있었다. 동료들이 말려 그 자리를 수습하고 K 대리는 팀장에게 사과하는 것으로 마무리됐다. 다음날 K 대리는 자신의 행동을 후회했고, 팀장에게 사과했으나 팀장은 사과를 받아주지 않았다. 또한 동료마저 자신에게 등을 돌리는 것처럼 느껴졌다. 얼마의 시간이 지나고 나서 팀장이 발의해 K 대리는 부서를 옮겨야 했다. 문제는 새로 옮긴 부서의 팀장은 K 대리가 부서를 옮긴 이유를 알고 있었고, K 대리는 새로운 팀장에게 찍힌 상태에서 일하게 됐다. 시간이 흐를수록 K 대리는 위축됐고, 급기야 회사를 옮기지 않고는 버틸 수 없는 상황이 됐다. K 대리는 헤드헌터를 통해 새로운 직장을 알아보기로 했다. 그러나 헤드헌터는 K 대리에 대한 레퍼런스를 체크했고, 현재 직장에서 사람들과의 관계에 문제가 있다고 판단해 다른 회사에 추천하기 어렵다고 말한다. 현재 K 대리는 헤드헌터가 레퍼런스 체크를 하는 회사로 옮기지 못하고 중소기업에서 일하고 있다.

비리를 저지르거나 결정적인 실수를 해서 회사를 나오면 소문은 참으로 빨리 퍼진다. 설마 여기까지 알겠느냐고 생각하지만 알고 있는 경우가 많다. 특히 개인 비리, 결정적 실수, 인격 파탄자라는 소문은 금방 퍼진다. 앞으로 살 길이 구만리인데 순간적인 과욕과 부주의로 평생 '주홍글씨'를 새기고 다녀서야 되겠는가? 일단 조심하는 게 중요하고 그도 안 되면 아무도 모르는 먼 곳에서 둥지를 틀어야 한다. 채용 시장에서 헤드헌터의 활용이 일상적인 상황이 됐다. 헤드헌터는 채용에 대한 전문적인 지식과 검증 방법론을 활용하여 최적의 인재를

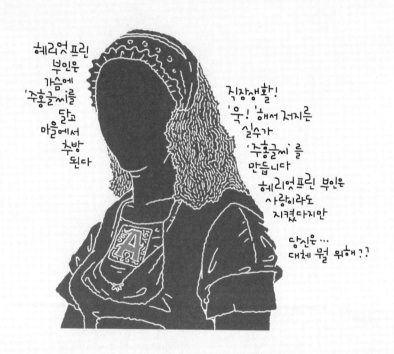

회사에 소개한다. 헤드헌터가 활용하는 대표적인 절차가 레퍼런스 체크다. 레퍼런스 체크는 그 방법이 점점 세련되고 정교해져 007 작전이 되고 있다. '나는 전 직장에서 네가 한 일을 모두 알고 있다.' 라는 수준이다. 전 직장에서 불미스런 일로 퇴직하면 헤드헌터를 통한 전직은 불가능하다고 보는 게 정설이다.

상사와 동료, 후배의 평판이 나의 이미지와 향후 이직 시장에서 나의 상품성에 큰 영향을 미친다. 좋은 평판을 받는 게 무엇보다 중요하다. 평판은 불변이 아니다. 늑대 같은 이미지가 여우 같은 이미지로 바뀌고, 또 곰 이미지로 바뀔 수도 있다. 정기적으로 당신의 평판을 관리하라. 그리고 의식적으로 경쟁력 있는 이미지를 만들도록 노력하라.

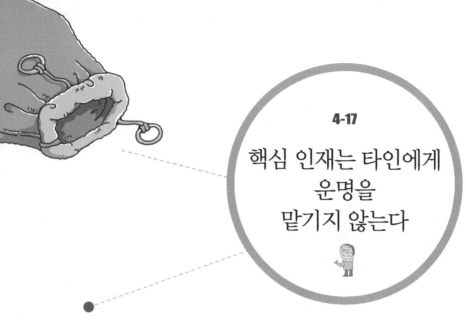

핵심 인재는 타인에게 운명을 맡기지 않는다

당나귀, 여우 그리고 사자 이야기

당나귀와 여우가 친구가 됐다. 둘은 마음을 모아 어려움이 닥치면 서로 돕자고 약속했다. 어느 날 둘이 숲 속에서 놀고 있는데 갑자기 사자가 나타나 앞을 떡 가로막았다. 위험을 느낀 여우가 먼저 행동했다. 사자에게 가서 귓속말로 "나를 잡아먹지 않겠다고 약속해주면 당나귀를 잡도록 도와주겠다."고 제안했다. 사자는 고개를 끄덕였고, 여우는 당나귀를 함정에 빠뜨렸다. 당나귀가 빠져나오지 못하리라고 판단한 사자는 제일 먼저 여우를 잡아먹었다.

오늘도 상사, 동료, 부하는 팀, 실, 본부와 같은 조직 속에서 공통의 목표 달성을 위해 힘을 합친다. 그들이 비록 당나귀 같이 멍청하든, 여우 같이 사악하든, 늑대 같이 비열하든 조직이라는 틀 속에서 어려움이 닥치면 서로 돕고 함께 극복해나간다. 그렇지만 조직에서의 협력이 서로에게 반드시 좋은 결과를 맺는 것은 아니다. 또한 나쁜 결과를 가져오는 것도 처음부터 불순한 의도로 상대를 속였다

고 보기에도 어렵다.

　대학을 졸업하고 순수한 의욕에 찬 신입사원 중 30년 직장생활을 하는 동안 CEO가 되는 사람이 과연 몇 명이나 될까? 대리에서 좌절해 쓰러지고, 과장에서 쓰러지고, 소수의 사람만이 팀장이 된다. 경쟁에서 이긴 소수의 팀장 중에서 임원이 되는 사람은 몇 명이나 될까? 상위 10%, 20%의 팀장만이 임원이 된다. 임원이 되어 상무→전무→부사장→사장으로 정점을 향해 올라가는 사람은 확률 자체가 통계로 표시할 수 없는 '운(Luck)'의 영역으로 간다. '당나귀, 여우 그리고 사자 이야기'에서 여우가 처음부터 당나귀를 속일 생각으로 '서로 돕자고 약속했다.'라고 볼 수는 없다. 조직에서 상사와 부하, 동료와 동료의 관계가 상대방을 궁지에 몰아넣는 것도 이와 비슷하다. 사자라는 '오너십' 앞에서 생존을 위해 여우의 '비열한 본성'이 드러나게 된 것이다. 물론 여우의 생존 노력도 성공하지 못하고 실패하고 말았다. 결과적으로 정글에서 생존의 비밀은 사자의 마음먹기에 달려 있는 것이다. 직장 역시 중요한 결정은 결국 '오너'가 마음먹기에 달려 있다. 그러면 어떻게 하란 말인가?

　미국에서 몇 년 전에 기업의 핵심 인재 200여 명을 대상으로 '자기 자신을 가장 잘 표현하는 말이 무엇인지?' 설문조사를 했다. 놀랍게도 핵심 인재의 80%가 자신을 FA(Free Agency) 즉, 자유계약직원이라고 표현했다. 조직에서 높은 성과를 내고, 조직에서 인정받고, 꼭 필요한 사람이라는 핵심 인재는 스스로를 1인 회사(One Person Company)로 생각하고, 회사를 협력관계에 있는 큰 회사로 생각한다. 이들은 결코 조직에 목을 메고, 운명을 맡기지 않는다. 물론 우리나라 기업과 미국의 기업은 차이가 있다. 하지만 우리나라 기업의 직장인도 회사를 이렇게 표현한다. '지금의 회사에 다니는 것이 나에게 도움이 된다. 하지만 지금의 직장이 나의 커리어에 도움이 되지 않거나 더 좋은 회사로 옮길 수 있다면 옮기겠다'라고 한다. 우리나라 직장인도 'FA'나 'One Person Company'라는 표현만 쓰지 않을 뿐 직장을 바라보는 시각은 이미 빠르게 변하고 있다.

지혜로운 노예, 이솝이 우리에게 전해주는 '일개미의 반란'은 자기를 믿고 스스로 생존하라는 메시지다. 스스로의 선택과 판단에 의해 행동하고 관계를 맺고 결정을 해야 바른 결정을 할 수 있으며, 결과에 대해 후회하지 않고 스스로 책임질 수 있다.

"당신이 원할 때까지 직장에서 살아남아라."

오늘도 묵묵히 하루하루 나와 가족을 위해 일하는 사람.

월급이 많으면 많은 대로, 적으면 적은 대로 군말 없이 일하는 사람.

술 한 잔 들어가면 갈 데가 없어서 여기서 일하는 줄 아냐고 말하지만

자기가 찾지 않으면 부르는 곳 없이 일하는 사람.

월급보다 훨씬 더 많이 일하면서 월급값 못한다고 미안해하며 일하는 사람.

더럽고 치사한 대접을 받으면서도 사랑하는 아내와 자식들이 눈에 밟혀

수모를 감내하며 일하는 사람.

오늘도 행복한 직장생활을 원하는 직장인에게 당나귀처럼 바보같이 처신하지 말라고 말해주고 싶었다. 여우 같은 상사에게 당하지 말고 여우의 지혜를 배우라고 알려주고 싶었다. 늑대 같은 동료와 부하 직원의 기습에 당하지 말고 지혜롭게 방어하고 공격하는 지혜를 알려주고 싶었다.

『일개미의 반란』을 쓰면서 지혜롭게 생각하고, 행동하는 것이 무엇

인지를 생각해보았다. 높은 직위에 있는 사람은 과연 지혜로운 사람인가? 자신의 직위를 이용해 부하 직원을 잘 부리고 궁지에 모는 상사는 지혜로운 사람인가? 상대방의 약점을 찾아내 뒤통수를 치고 경쟁에서 이기는 사람은 지혜로운 사람인지 다시 한 번 생각해보았다. 사악함과 야비함과 얄팍함은 지혜와는 거리가 멀다는 사실을 쉽게 알 수 있었다. 저는 직장에서 성공하는 처세의 본질은 '공생(共生)의 지혜'라고 분명히 말할 수 있다.

『일개미의 반란』을 읽은 사람은 책 속에서 인간관계의 원리와 직장생활의 법칙을 알았을 것이다. 직장에서 생존하려면 반드시 알아야할 내용이지만 아무도 말해 주지 않은 얘기, 공개적으로 말하기 껄끄러웠던 얘기를 글로 남겨 정확하게 알려주고 싶었다.

지식사회에서는 모든 지식과 정보는 공유돼야 한다. 여우짓, 늑대짓과 같은 낡은 수법은 더는 비밀도 노하우도 아니라는 사실을 모두가 알았으면 좋겠다. 이제 당신은 직접 겪어보지 못했지만 이솝의 지혜와 선배들의 경험을 통해 여우와 늑대의 낡은 수법을 쉽게 간파할 수 있을 것이다. "지혜롭게 생각하고 행동하라."라는 이솝의 메시지를 꼭 기억하길 바란다. 그리고 동료와 주변 사람에게 도움을 주고 기회가 있을 때마다 베풀 수 있기를 바란다. 그래서 당신이 원할 때까지 직장에서 살아남기를, 그리고 승승장구하기를 바란다.

정 진 호

KI신서 2177

우리가 몰랐던 직장인을 위한 이솝우화

일개미의 반란

1판 1쇄 발행 2009년 11월 30일
1판 5쇄 발행 2010년 1월 11일

지은이 정진호 **그린이** 오금택 **펴낸이** 김영곤 **펴낸곳** (주)북이십일 21세기북스
출판컨텐츠사업본부장 정성진 **생활문화팀장** 김선미
기획편집 김선미 **영업·마케팅** 최창규 김용환 이경희 노진희 김보미 허정민 김현섭
출판등록 2000년 5월 6일 제10-1965호
주소 (우413-756) 경기도 파주시 교하읍 문발리 파주출판단지 518-3
대표전화 031-955-2100 **팩스** 031-955-2151 **이메일** book21@book21.co.kr
홈페이지 www.book21.com **커뮤니티** cafe.naver.com/21cbook

값 12,000원
ISBN 978-89-509-2127-9 03320